MONDIALISATION MON AMOUR

Collection « L'esprit économique »

fondée par Sophie Boutillier et Dimitri Uzunidis en 1996
dirigée par Sophie Boutillier, Blandine Laperche, Dimitri Uzunidis

Si l'apparence des choses se confondait avec leur réalité, toute réflexion, toute Science, toute recherche serait superflue. La collection « L'esprit économique » soulève le débat, textes et images à l'appui, sur la face cachée économique des faits sociaux : rapports de pouvoir, de production et d'échange, innovations organisationnelles, technologiques et financières, espaces globaux et microéconomiques de valorisation et de profit, pensées critiques et novatrices sur le monde en mouvement...
Ces ouvrages s'adressent aux étudiants, aux enseignants, aux chercheurs en sciences économiques, politiques, sociales, juridiques et de gestion, ainsi qu'aux experts d'entreprise et d'administration des institutions.

La collection est divisée en six séries :

Dans la série *Economie et Innovation* sont publiés des ouvrages d'économie industrielle, financière et du travail et de sociologie économique qui mettent l'accent sur les transformations économiques et sociales suite à l'introduction de nouvelles techniques et méthodes de production. L'innovation se confond avec la nouveauté marchande et touche le cœur même des rapports sociaux et de leurs représentations institutionnelles.

La série *Economie formelle* a pour objectif de promouvoir l'analyse des faits économiques contemporains en s'appuyant sur les approches critiques de l'économie telle qu'elle est enseignée et normalisée mondialement. Elle comprend des livres qui s'interrogent sur les choix des acteurs économiques dans une perspective macroéconomique, historique et prospective.

Dans la série *Le Monde en Question* sont publiés des ouvrages d'économie politique traitant des problèmes internationaux. Les économies nationales, le développement, les espaces élargis, ainsi que l'étude des ressorts fondamentaux de l'économie mondiale sont les sujets de prédilection dans le choix des publications.

La série *Krisis* a été créée pour faciliter la lecture historique des problèmes économiques et sociaux d'aujourd'hui liés aux métamorphoses de l'organisation industrielle et du travail. Elle comprend la réédition d'ouvrages anciens, de compilations de textes autour des mêmes questions et des ouvrages d'histoire de la pensée et des faits économiques.

La série *Clichés* a été créée pour fixer les impressions du monde économique. Les ouvrages contiennent photos et texte pour faire ressortir les caractéristiques d'une situation donnée. Le premier thème directeur est : mémoire et actualité du travail et de l'industrie ; le second : histoire et impacts économiques et sociaux des innovations.

La série *Cours Principaux* comprend des ouvrages simples, fondamentaux et/ou spécialisés qui s'adressent aux étudiants en licence et en master en économie, sociologie, droit, et gestion. Son principe de base est l'application du vieil adage chinois : « le plus long voyage commence par le premier pas ».

Alain Valleray

Mondialisation mon amour

Avatars d'une utopie

L'Harmattan

5-7, rue de l'École-Polytechnique, 75005 Paris

http://www.editions-harmattan.fr

ISBN : 978-2-343-25666-5
EAN : 9782343256665

Où sont passées les promesses alléchantes de la mondialisation ?,
Culture authentique et mondialisation,

Mustafa Benfares, L'Harmattan, 2020

En hommage à tous mes maîtres,
de l'école primaire à l'université

Sommaire

Introduction

En 1947[1], le monde capitaliste développé, après une crise économique traumatisante puis une guerre dévastatrice en Europe notamment, se remit en ordre de marche. Le monde libre, revigoré et comme rajeuni après des épreuves traumatisantes, renouait avec les volontés de développement économique concerté et d'ouverture des frontières aux échanges économiques internationaux. Dans une première époque, l'accent fut mis sur le développement économique des différents pays occidentaux. En même temps, exportations et importations progressaient plus rapidement encore, et de manière relativement indolore. Mais l'Histoire continuait une marche en avant imprévisible. A partir des années 1970, une période plus troublée succéda au paisible et fructueux développement de l'après-guerre. Les économies capitalistes allaient être travaillées par d'intenses transformations, bousculées par des forces d'origine externe (les hausses des prix du pétrole, les guerres au Moyen-Orient des années 1970 et même les flux croissants d'échanges économiques internationaux) mais aussi interne. Ce n'était que le début d'une formidable mutation du capitalisme que les observateurs un peu plus tard allaient appeler la mondialisation.

Cette dernière est née de l'application de conceptions développées par des théoriciens et intellectuels depuis le 19ème siècle. Celles-ci ont enfanté une **utopie,** autrement dit « une vision idéale de gouvernement et d'organisation économique sans frontières capable d'assurer la prospérité d'une société qui réaliserait le bonheur de chacun »[2]. Cette utopie a pris corps progressivement pour trouver une forme

---

[1] Lancement du plan Marshall, puis en 1948 première réunion du GATT qui avait pour mission de relancer les échanges économiques internationaux.

[2] Adapté du Petit Robert.

bien plus achevée au cours de la deuxième moitié du 20ème siècle. Elle est adossée aux théories économiques libérales américaines et aux valeurs démocratiques occidentales au point de faire corps avec elles. En point d'orgue, la chute de l'Union soviétique et l'effondrement du communisme constituèrent une apothéose, celle du triomphe de l'utopie ; le monde réunifié allait pouvoir vivre « la fin de l'Histoire »[3].

Cette utopie a été comme le levain dans la pâte, *mais quelle réalité a-t-elle enfantée ?* Car celle-là, telle un nouveau-né, a entamé sa vie propre qui fatalement risquait d'échapper à ses concepteurs. Quels sont donc ses **avatars** ? Le Petit Robert distingue **trois sens** adaptés aux développements qui vont suivre : Le processus de mondialisation a pour but d'**incarner** pleinement cette utopie ; mais au fil du temps, la réalité a entraîné non seulement sa **transformation**, mais aussi sa **dégradation,** ne serait-ce que parce que les réalistes en quête de profits et de pouvoir se sont engouffrés dans la brèche.

La mondialisation est caractérisée notamment par la multiplication des échanges commerciaux entre les pays, générée par l'abaissement des droits de douane. Les Etats-Unis ont été à l'origine de la (re)naissance de ce processus et ils en ont été le moteur. Cette libération des échanges internationaux a, certes, insufflé de la vitalité économique au sein des économies capitalistes ; elle a stimulé la croissance du pouvoir d'achat des populations des pays bénéficiaires. Trois grands pôles de développement sont au cœur de cette multiplication des échanges. L'Amérique du Nord avec 13,9% des exportations mondiales, l'Europe avec 37,2% et la zone Asie-Océanie avec 36,1%, se détachent nettement des

[3] F. Fukuyama, *La fin de l'Histoire et le dernier homme*, Flammarion, 1992. Le succès médiatique de cet ouvrage a été considérable.

autres grandes zones telles que l'Afrique, l'Amérique du Sud, le Proche-Orient[4].

La première partie va privilégier les grands acteurs qui ont joué un rôle moteur dans le processus. Pourquoi et comment ont-ils contribué à ces transformations ? En compagnie des Etats-Unis, vont être présentés d'un côté, la Chine, l'invitée surprise, et le Japon le challenger malheureux. De l'autre côté de l'Atlantique, l'Europe tente de tenir sa place ; mais cette dernière est-elle vraiment une des gagnantes ?

La seconde partie sera consacrée toute entière à l'examen de la situation française, parce que ses habitants sont directement concernés. Notre « cher et vieux pays »[5] contre toute attente avait connu une renaissance économique inespérée pendant les Trente Glorieuses. La mondialisation naissante et surtout le Marché commun ont probablement conforté les performances nationales. Mais l'année 1975 amorça un virage, en même temps que la mondialisation entamait la seconde étape de son essor. Les conséquences en France furent considérables ; son développement a-t-il été conforté ou à l'inverse a-t-il été parasité ?

Depuis le 19ème siècle, les partisans de la mondialisation heureuse promettaient un surcroît de prospérité au bénéfice des populations de tous les pays adhérents ; il ne devait y avoir que des gagnants. La promesse a été réitérée au moins jusqu'à la fin du 20ème siècle. Peut-on aujourd'hui soutenir que cette promesse a été réalisée ?

Première partie

---

[4] INSEE, Statistiques et Etudes, *L'essentiel sur la mondialisation*, 28/01/2020, données de 2016 qui ont peu évolué depuis.

[5] Ch. de Gaulle, président de la République, conférence de presse, 01/1960.

« *Et tous ces gros nababs yankees... Ils croyaient que c'était le pays qui montait [la Chine], ... eh bien ces triples crétins sont partis là-bas pour investir tout leur fric en Chine* »[6].

Les chemins de la mondialisation, de l'empire américain à la Chinamérique

Tous les chemins mènent à Rome, c'est bien connu. En réalité, c'était à l'époque du « monde d'avant », mais celui-ci s'efface. Aujourd'hui, tous les chemins mènent aux Etats-Unis, ou auraient dû y mener, car la Chine a commencé à tisser sa propre toile[7]. Entre ces deux colosses, l'Europe tente d'exister, très difficilement, car elle est en définitive une des victimes du puissant processus qui transforme le monde. Ce mouvement semble mû par un puissant engrenage, que les initiateurs ne maîtrisent plus. Tous les participants devaient être des vainqueurs, mais quand en a-t-il été en fait ?

Très loin de « la fin de l'Histoire », la mondialisation a ouvert une nouvelle page pleine de surprises et de rebondissements, une épopée tumultueuse aux accents guerriers, époque fascinante et dangereuse, déroutante.

[6] R. McLian Wilson, *Eureka Street*, (1996), Christian Bourgeois Editeur pour la traduction française (1997).

[7] C. Albagli, *Les routes de la soie ne mènent pas où l'on croit*, L'Harmattan, 2020. Un livre très intéressant qui explore un des versants de l'essor de la puissance chinoise et est d'une lecture très stimulante.

Chapitre I

Les promesses de l'aube

La fermeture des frontières de chaque économie nationale, protégée par d'imposants droits de douane, a été considérée pendant longtemps comme une solution normale, indispensable à la prospérité des entreprises nationales, nécessaire pour éviter la ruine des agents économiques les plus faibles.

Mais, en même temps qu'en Grande-Bretagne progressait la révolution industrielle, apparaissait une nouvelle catégorie de théoriciens, les économistes, presque tous britanniques dans un premier temps, et qui soutinrent des idées iconoclastes. D'après la plupart d'entre eux, l'ouverture des frontières au libre mouvement des marchandises, des services et même des capitaux est un puissant déterminant du progrès économique et social. Sans entrer dans les arcanes des théories, va être expliqué succinctement pourquoi. Ces théoriciens soutiennent que la liberté des échanges internationaux augmente le pouvoir d'achat des populations sans nuire à qui que ce soit.

1. La théorie des avantages comparatifs et ses promesses

Politique protectionniste contre libre-échange

La principale conclusion, succinctement résumée en laissant de côté les démonstrations, est la suivante. Dans le cadre d'une économie nationale, les droits de douane élèvent artificiellement les prix des marchandises étrangères ; survivent ainsi « paisiblement » des groupes d'entreprises qui autrement disparaîtraient, parce que les prix de leurs produits ne sont pas compétitifs.

Le but proclamé par ces politiques « ancestrales » est la protection des industries nationales, par conséquent l'emploi et les revenus des populations concernées, en définitive la défense de la prospérité nationale. Cette fausse évidence a triomphé pendant des siècles, partagée par l'opinion publique, les élites de l'époque et les pouvoirs publics. Ses adeptes n'ont pas complétement disparus, nous le savons bien.

En fait cette politique de protection va à l'encontre du but recherché soutiennent les économistes. Le pouvoir d'achat des habitants pourrait être augmenté sans engendrer de chômage. L'abaissement des barrières douanières rend certains produits nationaux trop chers sur des marchés ainsi élargis (prix trop élevés et/ou qualité insuffisante, le rapport qualité/prix) ; ils ne sont plus demandés. Des entreprises disparaissent, des salariés perdent leur travail. Dans la mesure où il y a réciprocité (les partenaires aussi ont ouverts leurs frontières à la concurrence), certains des produits nationaux deviennent attractifs pour les clients étrangers grâce à leurs prix moins élevés ; ils bénéficient d'un avantage comparatif ; leur demande augmente donc. Les entreprises bénéficiaires se développent, créent de la richesse et des emplois ; après une période d'ajustement, le plein emploi est restauré.

L'augmentation des importations est compensée par la progression des exportations. Les clients nationaux peuvent choisir le meilleur où que ce soit dans le monde ouvert aux échanges. Avec le même revenu, le pouvoir d'achat des ménages augmente. Cette progression au fil des décades peut prendre une assez grande ampleur.

Le triomphe du libre-échange et la transformation des économies nationales

La lutte entre partisans des politiques protectionnistes et ceux des politiques du libre-échange a pu être très vive surtout au 19ème siècle. Même aujourd'hui la polémique n'est pas complétement éteinte dans des pays comme la France.

Dans ce cadre international ouvert à la concurrence, les prix baissent davantage et plus vite, les produits connaissent des améliorations plus rapides et s'adaptent mieux aux besoins des clients.

Grâce au libre-échange, les exportations et importations progressent plus rapidement que les productions nationales ; les économies sont progressivement transformées. Des secteurs d'activité régressent ou disparaissent, victimes de la concurrence étrangère ; d'autres au contraire se développent bien plus qu'ils ne l'auraient fait au sein d'une économie fermée.

Chacune d'elle se spécialise autour de ses points forts, abandonnant les autres aux concurrents étrangers. Dans ce cadre singulièrement élargi, les entrepreneurs ne peuvent plus « s'endormir sur leurs lauriers » ; les économies sont dynamisées. Seuls les meilleurs survivent mais le plein emploi est préservé. Une conclusion importante s'est imposée : Tous les pays partenaires au libre-échange sont gagnants.

Qu'elles soient ou non critiquables, les théories des avantages comparatifs sont devenues le crédo des élites dominantes des pays développés. Leurs conclusions sont présentées comme le résultat de lois scientifiques. Qu'ils soient hommes d'action, entrepreneurs, cadres responsables, politiques, intellectuels, journalistes, la grande majorité des membres des élites éclairées adhèrent à cette conception. « Les chercheurs restent fascinés par la trajectoire récente de l'économie mondiale. … C'est bien [de cette mondialisation] que l'avenir sera fait »[8].

Le socle premier de l'utopie mondialiste est fondé sur les théories des avantages comparatifs. La mondialisation est

---

[8] N. Fligstein, F. Merand, *Mondialisation ou européisation ?* Terrains et travaux, 1/2005.

d'abord caractérisée par la multiplication des échanges internationaux de produits ; ceux-ci, de plus en plus nombreux, voyagent et traversent les frontières. Puis, dans un second temps, ce sont les entreprises qui allaient « voyager ». Autrement dit, elles allaient multiplier les usines à l'étranger au sein de territoires de plus en plus vastes.

Mais ce n'est pas tout. L'ouverture généralisée des frontières transforme les économies et les rend interdépendantes donc solidaires, associées au développement commun dans un environnement pacifié.

La croissance du pouvoir d'achat dans un pays dépend de plus en plus de la prospérité économique des pays partenaires grâce aux demandes des clients étrangers (croissance des exportations). Inversement, la croissance du pouvoir d'achat dans ce même pays génère de la demande au sein des économies clientes (croissance des importations). Cela créée de la solidarité et de la coopération. La perspective de graves conflits paraît s'éloigner. Par ailleurs les frontières reculent et sont peut-être appelées à disparaître, l'aboutissement d'un rêve humaniste. L'être humain peut ainsi devenir un citoyen du monde, maître de son destin. Ces conceptions sont adossées aux théories économiques néo-libérales qui ont triomphé aux Etats-Unis et finalement presque partout en Occident. La démocratie est bien sûr une condition indispensable à l'épanouissement de cette démarche.

Les quelques théoriciens qui ont pris leurs distances, ne serait-ce qu'en nuançant ces conclusions, ont été critiqués parfois sévèrement ; ils ont perdu la bataille de l'opinion publique[9]. Comme souvent, l'affectif s'en mêle, quoi qu'en disent les intéressés, et l'ensemble peut finir par prendre la dimension d'une croyance sacralisée ; l'esprit religieux

---

[9] A. Valleray, *L'euro et l'asthénie française*, chap. 2, L'Harmattan 2017.

comme souvent n'est pas loin[10]. Pour toutes ces raisons, la mondialisation a de fervents adeptes, et même ses dévots.

Ces fortes convictions se heurtent pourtant encore aujourd'hui au scepticisme, voire même à l'opposition parfois farouche, d'autres catégories de la population. Celles-ci sont certes souvent moins éclairées, si bien qu'il est toujours tentant de qualifier leurs adeptes de populistes. Ce qualificatif stigmatisant cache dans certains cas des incompréhensions et antagonismes entre groupes sociaux. Une thématique importante est ainsi trop souvent escamotée ; il conviendra d'y revenir plus longuement (deuxième partie) car elle est au cœur de débats centraux de société qui portent la marque de visions antagonistes du devenir.

Le libre-échange a donc triomphé mais après de longs combats et de (très) longues négociations menées entre les responsables politiques et économiques des pays concernés. Tout cela avait commencé il y a bien longtemps, dès le 19ème siècle, sous l'égide de la puissance dominante, le Royaume-Uni. La puissante Albion avait persuadé ses principaux partenaires d'ouvrir leurs frontières (en respectant bien sûr le principe de réciprocité). Les échanges économiques internationaux se multiplièrent. En 1913, le commerce international avait atteint 14% du PIB mondial. Cette période fut qualifiée plus tard de première mondialisation.

Mais la Première Guerre mondiale, suivie dix ans plus tard par la Grande Dépression de 1929 qui ébranla les économies capitalistes, mirent fin à l'expérience. La Seconde Guerre mondiale n'arrangea rien. En 1950, les échanges internationaux n'atteignaient plus que 6% du PIB

---

[10] L'homme est un animal religieux, quoi qu'en pensent les esprits rationalistes ; mais sont mises en œuvre toutes les ruses pour masquer cette attirance.

mondial[11]. La première mondialisation se termina par un échec qui fut aussi en définitive celui du capitalisme.

2. La mise en place du libre-échange après la Seconde Guerre mondiale : du GATT à l'OMC

Après la Seconde Guerre mondiale et, à l'Ouest, le triomphe des Etats-Unis devenus l'incontestable leader du monde capitaliste, les pays conjuguèrent leurs efforts pour reconstruire les économies ravagées par le conflit (Europe et Japon principalement) et aussi par la grande crise des années 1930. Les économies avaient été mises « à genoux » et s'étaient repliées sur elles-mêmes. Les antagonismes s'étaient envenimés même entre pays amis. Les droits de douane avaient été rétablis entre tous les pays capitalistes.

Mais les leçons des théoriciens n'ont pas été oubliées. Cet enfermement fut présenté comme un contremodèle qu'il fallait dépasser. Il y allait des progrès du pouvoir d'achat et du bien-être des populations. En pratique, s'y ajoutèrent des considérations géopolitiques (renforcement des collaborations et solidarités entre les Etats pour éviter des affrontements meurtriers et présenter un front uni face à l'ennemi soviétique sous la direction, l'emprise, du pays dominant). Un nouveau monde allait se mettre en place (celui de l'après Seconde Guerre mondiale). Après les malheurs et souffrances de la période antérieure, qui s'étala sur au moins une quinzaine d'années, cette perspective devint rapidement un idéal enthousiasmant vers lequel il fallait progresser. Mais comment abaisser les frontières douanières ?

De cette volonté naquit le GATT (accord général sur les tarifs douaniers et le commerce, appliqué de 1947 à 1994). Ses membres avaient pour mission, au moyen de conférences de négociations successives (les rounds), de

[11] N. Fligstein, op.cit. 2005.

réduire les droits de douane et autres restrictions aux échanges.

Ce fut un succès. Depuis 1948, les droits de douane n'ont guère cessé de diminuer passant de 40% des valeurs des marchandises à 2% « aujourd'hui »[12]. Ce résultat reflète l'importance du chemin parcouru.

Ainsi, la dynamique d'ouverture des frontières était enclenchée. Pour la renforcer, à la fin du 20ème siècle il parut nécessaire de réorganiser le dispositif initial. Fut alors mise en place une organisation permanente dirigée par un directeur assisté par des équipes de spécialistes mandatés par les Etats membres. Le but était d'aller plus loin et plus vite encore dans l'élimination des restrictions aux échanges.

En 1995, l'OMC, l'Organisation mondiale du commerce, **prit le relais du GATT** à Genève. Y adhère une communauté de pays qui partage les mêmes valeurs commerciales et qui s'engage à respecter les décisions négociées au sein de l'organisation. « Sa principale fonction est de favoriser autant que possible la bonne marche, la prévisibilité et la liberté des échanges »[13].

L'OMC s'est imposée en qualité d'acteur incontournable des relations internationales. Impossible pour un pays de rester à l'extérieur de cette communauté si ses responsables veulent promouvoir une politique de développement économique ; celle-ci passe maintenant par une large ouverture aux échanges internationaux. La Chine, pour ne citer qu'elle, l'a très bien compris et a obtenu son adhésion le 11 décembre 2001. Son intégration au commerce mondial en a été grandement facilitée ; elle allait occuper, comme chacun le sait, une place grandissante et devenir un des poids lourds du commerce mondial. Même la Russie qui s'était repliée sur elle-même, traumatisée et

---

[12] Vie publique, fiche thématique, *Qu'est-ce que le GATT ?*, 25/06/2019. Les deux pourcentages cités sont bien sûr des moyennes.

[13] www.wto.org.

humiliée après les péripéties qui avaient suivi l'effondrement de l'URSS, rejoignit l'organisation en 2012. Le nombre de membres atteignait 148 en 2004 et 164 en 2019 ; 90% des échanges mondiaux sont réalisés entre les membres de l'OMC.

Le libre-échange a été l'antichambre de la mondialisation. Les échanges économiques internationaux (exportations et importations) ont ainsi été multipliés. C'est ce phénomène qui allait plus tard porter le nom de mondialisation. Deux grandes étapes de son développement peuvent être distinguées.

3. Les étapes du processus de mondialisation

La première période a été amorcée très modestement en 1948 et s'étend jusqu'aux années 1970. La seconde n'est pas encore achevée[14].

En 1948, le commerce international était sinistré et les débuts furent modestes. Mais, les étapes de réduction des droits de douane se succédèrent sans discontinuer. Les échanges internationaux furent assez rapidement stimulés. Ils allaient progresser plus vite que les productions nationales. Ces dernières bénéficièrent, en retour, d'un regain de vitalité qui se prolongea pendant une trentaine d'années[15]. Mais jusque vers la fin des années 1970, cette progression des échanges resta néanmoins modérée comme le montre le graphique ci-après (fig. 1). En définitive « les Trente Glorieuses constituent une période de relative

---

[14] Encore que la Grande Récession des années 2007-2009 puis l'arrivée au pouvoir du président Trump ont contribué à infléchir la dynamique initiale du processus de mondialisation.

[15] Les Trente Glorieuses en France ; le phénomène bénéficia à l'ensemble des pays occidentaux. Les revenus individuels augmentèrent rapidement (3,5% à 4% par an en France, un peu moins dans les autres pays) et régnait le plein emploi. Les causes de cette prospérité furent principalement internes, mais, grâce à l'ouverture des frontières, la croissance du pouvoir d'achat fut un peu plus élevée.

clôture des économies ou du moins d'ouverture contrôlée, progressive »[16]. Elles eurent le temps de s'adapter (spécialisation internationale des activités) sans trop faire souffrir ni les entreprises ni les habitants. Ce fut le bon côté de l'ouverture des frontières. Les productions nationales étaient stimulées sans endommager le tissu industriel ; des secteurs d'activité déclinaient mais d'autres pouvaient se développer, portés par la croissance des demandes étrangères.

A cet égard, l'information peut être complétée. D'une part, pendant cette période, les entreprises étaient mues par la volonté de faire croître leur chiffre d'affaires presqu'autant que la recherche du profit. D'autre part, le plus souvent, cette croissance des chiffres d'affaires des firmes était générée en approvisionnant les marchés nationaux et étrangers à partir d'usines opérant sur le territoire national ; le moteur était l'exportation. Les mouvements internationaux de marchandises étaient la résultante de ces choix. Mais ce n'était que la première étape du puissant phénomène d'internationalisation des économies nationales.

Par ailleurs, les années 1970 furent marquées par une succession de problèmes qui affectèrent sérieusement le fonctionnement des économies capitalistes occidentales ; elles connurent une crise d'adaptation d'au moins dix ans.[17]. Ces fortes turbulences entraînèrent une rupture avec la période antérieure. Le fonctionnement des économies fut perturbé et le processus de mondialisation en fut modifié.

Ce fut même l'amorce de la seconde étape de son évolution. Commence alors et plus encore après 1980 « une période d'ouverture commerciale sensiblement plus

[16] G. Galvez-Béhar, P.Lefebvre, «*Les entreprises et le temps de la globalisation*, Entreprises et Histoire, 2019/1, n° 94, pp 5 à 15.

[17] A. Valleray, *L'euro et l'asthénie française*, p. 35 et suivantes, L'Harmattan, 2017.

significative (que celle de la période antérieure) qui renoue avec les taux d'ouverture de l'économie de la première mondialisation »[18]. C'est dans ce cadre, celui des années 1990 (pendant la présidence Clinton), que le mot mondialisation fit sa grande apparition dans les chroniques et que l'utopie prit sa forme la plus achevée. Le mot, qui fait rêver certaines élites ou à l'inverse qui peut faire terriblement peur et génère les crispations que l'on connaît[19], entra dans le langage commun.

La fin des années 1970 marque ainsi la rupture entre deux époques. Commença alors une croissance accélérée des échanges internationaux. De 1980 à 2017, le volume du commerce mondial a été multiplié par 6,8 tandis que le volume du PIB mondial l'a été par 3,5[20]. En conséquence, la part des exportations mondiales dans le PIB correspondant a fait un grand bond en avant passant d'à peine 10% à la fin des années 1970 à un pourcentage de l'ordre de 25% aujourd'hui. L'essentiel de cette percée s'est étalé de la fin des années 1970 à la Grande Récession de 2008 ; cette dernière marqua un coup d'arrêt à l'évolution précédente. Dès lors, commerce mondial et productions nationales progressent à un rythme voisin, comme si un palier avait été atteint.

---

[18] G. Galvez-Béhar, P. Lefebvre, a.c. 2019/1.

[19] A. Valleray, chap. 2, p.85 et 86, op.cit. 2017.

[20] INSEE, « L'essentiel…sur la mondialisation », Statistiques et études, 28/01/2020.

Figure 1 Estimation de la croissance de la part du commerce extérieur dans la PIB mondial[21]

Lors de cette seconde étape, les changements se sont donc précipités ; ils ont commencé à bousculer les économies et à transformer l'ordre mondial. La mutation du capitalisme joua un rôle dans les modalités et le déroulement de cette mondialisation ; en retour le fonctionnement du capitalisme fut lui-même modifié. Les prémisses d'une mutation du capitalisme étaient perceptibles dès les années 1960 aux Etats-Unis et celles-ci se sont affirmées à partir des années 1970. Cette importante transformation va être présentée ci-après.

---

[21] M. Fouquin, J. Hugo, CEPII, 2016, www.irefeurope.org.

Chapitre II

Mutation du capitalisme et mondialisation

Les grandes entreprises jouèrent un rôle central dans l'évolution de la mondialisation, elles-mêmes aiguillonnées par le système financier américain dont l'influence devint déterminante à partir des années 1970. La mutation fut celle du système capitaliste et pas uniquement celle des seules entreprises de production.

1. Les changements de stratégie des grandes entreprises américaines et le triomphe du capitalisme financier

L'option stratégique (la priorité donnée à la croissance de la production associée à une rentabilité modérée) mise en œuvre par les entreprises pendant les Trente Glorieuses avait épuisé une partie de son potentiel. Les marchés nationaux des pays les plus développés se rapprochaient de la saturation[22] tandis qu'au sein de la sphère entrepreneuriale demeurait l'insatiable volonté de croissance du chiffre d'affaires, fondement d'une puissance toujours plus grande. Pour mieux occuper les marchés étrangers, dès les années 1960 les grandes entreprises, principalement américaines, ont commencé à installer des usines à l'extérieur du territoire national, y compris dans les pays périphériques de la Chine dans un premier temps. Elles allaient devenir multinationales. Mais ce n'était que l'amorce d'une mutation plus radicale encore qui allait prendre place à partir des années 1970.

Car, c'est à cette époque-là, que l'objectif prioritaire des grandes entreprises allait (re)devenir la recherche des

---

[22] Le taux d'équipement des ménages dans les principaux biens durables se rapprochait du maximum.

profits les plus élevés possibles[23] dans le cadre d'une mutation du capitalisme américain devenu financier qui succède au capitalisme industriel[24]. Pendant les deux décades d'après-guerre, les grandes entreprises étaient relativement autonomes ; le contrôle exercé par les actionnaires était relativement peu contraignant[25]. La direction composée de salariés pouvait fixer ses objectifs assez librement. La situation évolua ensuite assez rapidement. A cette époque, des institutions financières (telles que les fonds de pension et fonds d'investissement) avaient pu réunir des capitaux considérables. Elles prirent ainsi le contrôle de nombreuses entreprises avec des exigences de profit élevé. Les taux de rentabilité[26] firent un grand bond en avant[27]. Pour atteindre ces objectifs, il fallait soit augmenter les prix ou abaisser toujours plus les coûts.

La première option fut pratiquée souvent adroitement avec le concours avisé des spécialistes du marketing, mais elle allait forcément trouver ses limites. La prospérité de la période antérieure a considérablement renforcé le nombre et le pouvoir d'achat des membres des classes aisées. Grâce à un taux de croissance annuel moyen de **3%** du pouvoir d'achat, comme aux Etats-Unis, celui-ci double en vingt-trois ans. Les consommateurs ont les moyens

---

[23] La recherche du profit maximum est en fait dès la fin du 18ème siècle un des paradigmes fondateurs de la motivation de l'entrepreneur et du fonctionnement de l'économie capitaliste. Des économistes souvent américains, J.K. Galbraith fut le plus célèbre, ont remis en cause ce paradigme vers le milieu du 20ème siècle. La thèse était alors vraisemblable. Mais son réalisme ne résista pas à la montée du capitalisme financier après le début des années 1970.

[24] A. Valleray, *L'euro et l'asthénie française*, chap. 3.1, op.cit., L'Harmattan, 2017.

[25] J.K. Galbraith, *Le nouvel Etat industrie*, Gallimard, 1967.

[26] Profit/capital multiplié par cent.

[27] Des observateurs estiment qu'il est passé d'à un peu moins de 10% à environ 15% ; mais il peut atteindre ou dépasser 20%. Ces données s'appliquent aux très grandes entreprises.

budgétaires de payer plus cher leurs produits et les entreprises n'allaient pas se priver de cette opportunité. Pourtant, elles ne souhaitent pas non plus écarter du marché les clients au pouvoir d'achat plus modeste. Tout l'art a consisté à distinguer des groupes de clients (segmenter le marché) relativement homogènes pour offrir à chacun d'eux une variante du produit associée à un prix spécifique et à des attentes différenciées. Dans certains cas, c'est le même produit ou presque mais offert dans « un emballage » personnalisé. Est « façonnée » une image qui le singularise grâce à l'habileté des professionnels du marketing. Le but est de proposer une gamme de modèles à des prix adaptés aux attentes et au pouvoir d'achat des clientèles ciblées. Ainsi le profit peut être optimisé sans pour autant perdre trop de clients.

Le choix de la seconde option (la baisse des coûts) ne pouvait que se heurter à des contraintes sévères tant que les centres de production restaient localisés sur le territoire national des pays développés. Une croissance de près de trente années avait considérablement élevé les salaires. Dans le cadre du fonctionnement des économies modernes, avec des syndicats puissants, il était devenu difficile de les abaisser. La recherche (quasiment obsessionnelle) de la baisse des coûts se heurta ainsi à des contraintes qui ne satisfaisaient pas l'insatiable avidité des détenteurs de capitaux.

Il devenait tentant d'installer des usines dans les pays peu (ou très peu) développés afin de bénéficier des salaires des pays d'accueil, ce qui allait être fait de plus en plus massivement de différentes manières (création de filiales avec des capitaux de la maison mère, associations avec des capitaux locaux, sous-traitance, le tout sous le contrôle des maisons-mères des pays développés). L'essentiel des productions, fabriqué localement, allait être réexpédié vers les Etats-Unis et les clients des autres pays développés.

Allait alors s'affirmer un phénomène singulier. Un observateur[28] a pu conclure que « Le commerce a changé. Nous ne concurrençons plus les firmes étrangères. Nos concurrents sont des départements de firmes nationales » installés, eux, sur le territoire du pays. C'était dans les années 1970 et ce n'était que l'amorce d'un mouvement qui n'incluait pas encore la Chine. À partir des années 1990, quand la Chine a ouvert son territoire aux usines des entreprises occidentales, américaines principalement, les usines nationales installées à l'étranger allaient entrer en concurrence avec les unités des mêmes entreprises installées à l'intérieur du pays. Les conséquences sur l'évolution de l'industrie américaine, de ses emplois et aussi sur le pouvoir d'achat des citoyens américains allaient être considérables.

2. La globalisation nouvelle étape de la mondialisation

Les mouvements d'échanges internationaux par les exportations et importations n'étaient qu'une étape de la mondialisation. Les volontés de développement et de puissance des entreprises, associées à une insatiable recherche de profits, allaient conduire à la globalisation. Ainsi se multiplièrent dans des pays pauvres (les pays ateliers appelés aujourd'hui émergents) des centres de production contrôlés par des grandes entreprises de nationalité américaine principalement. Ces réseaux d'unités productives devinrent de plus en plus denses et diversifiés. Les chaînes de valeur (ensemble des opérations de la conception à la commercialisation d'un produit) sont réparties dans différents pays sous le contrôle d'une entreprise. Les produits finis, tels que les smartphones (parmi bien d'autres), sont issus d'activités réparties dans

[28] G. Adam, *Les firmes multinationales dans les années 1970*, Revue économique, 1972 n° 23-4, pp. 592-615.

les centres de production disséminés dans des zones fort éloignées les unes des autres. La recherche est généralement effectuée dans un pays développé ; les fabrications de composants et autres organes peuvent être disséminées dans plusieurs pays à bas salaires. Une distribution savante des unités de production, de la fabrication des pièces jusqu'à l'assemblage, est effectuée sur la base des coûts de production et du savoir-faire qui varient d'une contrée à l'autre. Il n'y a pas de petite économie, les coûts de transport pèsent de moins en moins dans les choix de localisation.

A partir des années 1960, ces grands groupes, le plus souvent américains ou japonais, sont devenus multinationaux dans un premier temps. Puis d'étape en étape, la mue s'est poursuivie ; ils sont devenus transnationaux et enfin globaux. Cette évolution sémantique traduit les transformations opérées.

Voici d'abord le concept de groupe ; il se substitue souvent à celui d'entreprise. En effet, un groupe peut être constitué d'une myriade d'entreprises devenues des filiales (jusqu'à plus d'une centaine) dépendantes d'une « entreprise mère », appelée holding ; celle-ci détient une fraction suffisante du capital de chaque filiale qui lui procure le pouvoir sur l'ensemble. Il est possible d'y ajouter des sous-traitants inféodés à une holding ou même d'autres entreprises dépendantes de cette dernière[29]. Ces groupes sont devenus multinationaux parce que les usines de ces mastodontes sont implantées dans de nombreux pays ; transnationaux ou globaux parce que leur horizon, industriel, financier, marketing, embrasse de vastes contrées sur plusieurs continents ; leurs usines sont surtout localisées à l'extérieur du pays. Pour les dirigeants de ces grands ensembles, le reste du monde commença à devenir nettement plus important que le pays « mère ». Leur

[29] L'ensemble aux frontières floues est alors appelé réseau.

stratégie connut ainsi une autre mutation, elle allait être conçue et déployée à l'échelle du monde. Leurs usines et leurs clients (de divers pays développés) sont localisés majoritairement à l'extérieur des frontières nationales, tout comme leurs intérêts économiques et financiers. Ces groupes devinrent apatrides ou presque (sauf quand ils ont besoin du soutien des autorités publiques nationales).

Les produits (ou plus souvent encore des pièces détachées et composants) voyagent de plus en plus d'un pays à un autre. C'est la conséquence voulue du libre-échange. Les entreprises de chaque pays se spécialisent autour de leurs points forts et abandonnent les autres productions à leurs concurrents étrangers. Une fraction croissante des productions nationales franchit les frontières pour satisfaire les besoins des clients étrangers (entreprises ou ménages).

Mais ce n'était que la première étape. Les grands groupes allaient organiser à leur profit la spécialisation internationale du travail engendrant la globalisation. Les divers organes et composants (pièces détachées) d'un même produit voyagent eux aussi en traversant les frontières mais sans forcément quitter le même groupe d'entreprises. « Le commerce change, …, une part importante du commerce international est maintenant constitué simplement par un système fermé de transactions internes aux firmes multinationales. » Le flux ainsi généré atteignait déjà environ 50% du commerce extérieur américain en 1972 d'après les estimations de György Adam[30]. L'intensité des mouvements internationaux de produits induits par cette option stratégique est confirmée par des études plus récentes. Après un examen de la littérature spécialisé, Gabriel Galvez-Behar et Philippe Lefebvre confirment qu'entre le tiers et la moitié du commerce mondial est généré par des mouvements de

---

[30] G. Adam, a.c., 1972.

valeur internes aux grandes entreprises « c'est-à-dire à la répartition de leurs unités opérationnelles pensée à l'échelle globale »[31]. La croissance du commerce international paraît être ainsi générée pour moitié ou presque par la division internationale des tâches effectuées au sein des grands groupes. Cette division est devenue complémentaire et s'est même substituée pour une part à la classique division taylorienne des tâches réalisées au sein de chaque usine.

3. La globalisation financière

Cette évolution fut facilitée par l'ouverture des frontières aux mouvements des capitaux. Pendant longtemps les agents nationaux ne pouvaient pas librement transformer leur monnaie nationale en monnaie étrangère (achat de devises pour acheter des produits ou effectuer des placements). Les opérateurs devaient justifier leurs demandes et il y avait des restrictions (par ex. des plafonnements) ou même des interdictions liées à la nature des opérations (recherche de placements spéculatifs par ex.) Pour reprendre un langage commun, les capitaux ne pouvaient pas « sortir » librement du pays[32]. L'objectif était de veiller au maintien de l'équilibre de la balance des paiements en freinant les « sorties de capitaux » du pays, un objectif important.

L'assouplissement des contrôles fut progressif. L'opinion publique avait évolué sous l'influence des élites favorables à la libéralisation totale des mouvements des capitaux. Le président Clinton lui-même (1993-2001), un Démocrate, y contribua, même si les bases avaient été posées par ses prédécesseurs républicains. Ainsi lança-t-il « une croisade sans précédent en faveur de la libération des marchés » auprès notamment des grands patrons de la production et des finances. Le mouvement de libération des

---

[31] Entreprises et Histoire, 2019/1, n° 94, pp 5-15.

[32] Par ex., www.universalis.fr.

capitaux (1992/1993) était en marche. Le président de la première puissance du monde, secondé par son secrétaire d'Etat aux finances Robert Rubin, « a joué un grand rôle dans l'explosion des marchés financiers à travers le monde »[33].

G.H. Bush (2001-2009), mû lui aussi par la volonté d'accroître la liberté des grands acteurs de l'économie nationale (chez eux et aussi à l'étranger), poursuivit cette politique jusqu'à son « extrémité ». Non seulement les capitaux purent circuler librement en dehors des frontières du pays, mais en plus la liberté d'action des financiers était devenue très grande ; beaucoup des règles prudentielles qui limitaient la prise de risque par les entreprises du secteur furent abandonnées.

Cette très grande liberté d'action accordée aux acteurs financiers n'est qu'une des composantes certes importante de la mise en place du capitalisme libéral américain. Deux présidents, D. Reagan (1981-1989) et G.W. Bush (1989-1993), des Républicains, jouèrent un rôle moteur dans cette évolution en changeant « les règles du jeu » mises en place dans les années 1930 suite à la Grande Dépression. Ils lancèrent un processus de dérèglementation économique au bénéfice des grands groupes de production et des finances en éliminant les règles qui avaient pour but de protéger les concurrents moins puissants et les ménages contre les abus de pouvoir de ces mastodontes[34].

Les grands décideurs, déjà dotés d'une force et donc d'un pouvoir exceptionnel, eurent ainsi « la bride sur le cou ». Cette latitude leur permit d'une part de peser sur le fonctionnement des marchés nationaux et étrangers. D'autre part, la dérèglementation financière permit aux

---

[33] *Quand Clinton jouait les apprentis sorciers de la mondialisation*, Courrier international du 5/01/2005, extrait d'un article du New-York Times.

[34] J.E. Stiglitz, *Peuple, pouvoir et profits*, LLL, 2019.

grands acteurs de prendre des risques financiers insensés qui furent une des causes de la Grande Récession de 2007-2008.

Les Etats-Unis entraînèrent dans leur mouvance leurs grands partenaires. Les pays européens durent entrer dans la danse de plus ou moins bonne grâce. En France, jusqu'en 1984, les mouvements internationaux de capitaux étaient étroitement contrôlés (même les acquisitions de devises par les touristes français pour leurs achats dans le ou les pays visités ont pu être contingentées dans les phases de crise financière). Ces contrôles furent progressivement assouplis puis abolis en 1989, par un gouvernement socialiste ! Mais avaient-ils le choix ? Les autorités européennes jouèrent en la matière un rôle déterminant. En 1994, le traité de Maastricht a fait de la libre circulation des capitaux une liberté protégée par les traités[35].

La libre circulation des capitaux facilita les nombreuses installations d'usines à l'étranger. Ainsi, par exemple, les flux de capitaux vers les pays émergents ont quadruplé (en une quinzaine d'années) depuis les années 1990 »[36]. Néanmoins, une partie importante de ces capitaux a sa vie propre souvent déconnectée du fonctionnement des entreprises. Ils sont devenus nomades, se déplacent de pays à pays à la vitesse de l'éclair à la recherche des meilleurs gains. Durant les trente dernières années du 20ème siècle, ils contribuèrent à déstabiliser les marchés des changes et impactèrent sérieusement le fonctionnement de l'économie de plusieurs pays européens dont la France.

Ces différents changements provoquèrent « une véritable mutation par rapport au mouvement d'internationalisation (antérieur), un changement de

---

[35] Ex., la contribution de N. Rey, CEPN, université de Paris 13 Sorbonne, www.halshs.

[36] N. Fligstein, F. Mérand, Terrains et Travaux, *Mondialisation ou européanisation ?*, 2005/1.

logique dans le fonctionnement du système capitaliste ». La liberté d'action des grandes entreprises dans le cadre de leur stratégie a contribué à l'intégration croissante des économies et « donne à [cet ensemble] une dynamique propre échappant de plus en plus au contrôle des Etats »[37]. Les responsables américains ont donné un pouvoir presque absolu à leurs entreprises. Ces organisations privées pèsent lourdement sur le fonctionnement de l'économie mondiale comme l'explique, parmi d'autres, le professeur Laurent Carroué[38]. Au terme de son étude, il conclut que « la capacité de ces firmes à contraindre l'environnement géopolitique selon leurs besoins … pèse sur les Etats et les institutions internationales afin de définir les conditions … les plus favorables à leurs ambitions ». Le professeur américain Georges Stiglitz[39] ne dit pas autre chose dans plusieurs de ses ouvrages avec des développements denses, et tout le prestige d'un Nobel.

Aux Etats-Unis, pouvoirs publics et entreprises forment un couple indissociable, mais manifestement ce sont ces dernières « qui portent la culotte ». La mondialisation a ainsi été menée à marche forcée dans l'intérêt des élites économiques des secteurs privés du pays avec la complicité des responsables politiques. La mondialisation ne fait que des gagnants soutiennent les théoriciens soutenus par nombre de chroniqueurs. Pourtant, les partenaires européens et tout autant japonais (parmi d'autres) auraient dû se méfier. Existait déjà le précédent de la première mondialisation mise en œuvre sous la bannière des responsables britanniques qui pensaient davantage au

---

[37] J. Adda, SES & Compagnie, 27/04/2014.

[38] Contribution à l'étude, *Les grandes entreprises, acteurs géostratégiques ?*, sous la direction de J.F. Fiorina, note hebdomadaire d'analyse géopolitique de l'ESC de Grenoble, 25/04/2013.

[39] *Peuple, pouvoir & profits, Le capitalisme à l'heure de l'exaspération sociale*, LLL, 2019.

renforcement de la suprématie de leur pays qu'au bien-être des entreprises et populations des pays partenaires.

Mais l'Histoire échappe souvent à ses maîtres penseurs. Qui a croqué et qui croquera dans l'avenir les marrons ainsi tirés du feu ? L'Etat américain ? Ses grandes entreprises et l'élite de ses dirigeants ? Ou de tiers acteurs ? Est-il vraiment possible de connaître à l'avance le nom des gagnants ?

Une quarantaine d'années plus tard, une partie du scénario est déjà jouée ; certaines conséquences commencent à apparaître. Les promoteurs américains croyaient être les maîtres du monde, ils pensaient que la mondialisation allait renforcer leur hégémonie ; mais ne sont-ils pas des apprentis sorciers ? Car une fois lancée, l'Histoire, pareille à une machine infernale, obéit à sa propre logique ; ne risque-telle pas de bousculer, peut-être même de dévorer ceux qui croyaient être les gagnants ?

Chapitre III

Les Etats-Unis maître d'œuvre de la mondialisation, ambitions et déconvenues. L'amorce du déclin de l'aigle

Les Etats-Unis, devenus la seule hyperpuissance mondiale après l'effondrement spectaculaire de l'Union soviétique, atteignait le zénith au début des années 1990. Et pourtant, déjà, des signes annonciateurs de vulnérabilité auraient pu les alerter. Dans les années 1970 jusqu'au milieu des années 1980, le Japon avait fait trembler des secteurs stratégiques de l'industrie américaine. Mais le pays du Soleil-Levant avait dû s'incliner devant la puissance du leader et était rentré dans le rang[40]. Dès lors, les responsables américains (et même beaucoup d'observateurs extérieurs au pays) paraissaient persuadés que rien ne pouvait leur résister, griserie après des succès à nul autre pareils et péché d'orgueil sans doute.

Classiquement assurément, la puissance d'un pays dans le monde contemporain est générée principalement, outre sa dimension géographique, par la vitalité, la créativité et l'efficacité de ses entreprises qui créent de la valeur pour l'ensemble des agents économiques et pour l'Etat. Pourtant, là aussi, les fondamentaux peuvent évoluer, d'autant plus que les mastodontes privés de l'empire américain, devenus géants et globaux (donc apatrides ou presque), ne sont pas pareils à des corps d'armée sous les ordres d'un général guidé par l'intérêt supérieur du pays et dirigeant l'ensemble des troupes vers la victoire. De surcroît, en « laissant la bride sur le cou » à ces entités privées, les autorités publiques leur allouaient une liberté d'action presque sans

---

[40] Ci-après : 3. La concurrence japonaise et les coups portés à l'industrie américaine.

limites au service de leurs propres intérêts ; on allait s'apercevoir qu'intérêts privés et publics sont loin d'être complémentaires. Il est tout autant difficile de soutenir que ces poids lourds soient au service de l'intérêt général des citoyens, salariés et consommateurs du pays.

Les pouvoirs publics américains sous l'influence des théories économiques libérales allaient contribuer à affaiblir l'économie du pays, par conséquent sa puissance et son poids dans le monde.

De plus, il fallait supposer que les pays ateliers, la Chine en premier lieu, accepteraient de n'être que les vassaux dociles (voire même des colonies d'un nouveau genre) au service du suzerain. Dans les années 1980 ou même 1990, cette hypothèse pouvait paraître vraisemblable ; mais la transformation du rapport des forces a été stupéfiante comme on l'observe aujourd'hui.

1. D'une époque à l'autre (1946-1970 ; 1971-1980)

Tableau 1 : Croissances économiques comparées, Etats-Unis et France par sous-périodes (1960-2019

Périodes	Taux de croissance moyen du PIB par habitant et par période	
	Etats-Unis	France
1974/1960	4%	4.5 %
1980/1975	2.70 %	2.50 %
1999/1980	3.30 %	1.7 %
1999/1990	3.35 %	1.85 %
2007/1999	2.50 %	1.30 %
2019/2007	2%	0.9 %

Source, Calculs effectués par l'auteur à partir des séries annuelles publiées par le centre de recherche économique de l'Université de Sherbrooke.

Le tableau 1 présente un aperçu des performances économiques du pays depuis 1960. A titre de comparaison, sont présentées les performances de l'économie française dans le cadre des mêmes sous-périodes distinguées. L'indicateur retenu, le taux de croissance du PIB par habitant en volume[41], est synthétique, les taux de croissance présentés évaluent la progression effective des richesses créées. Plusieurs sous-périodes ont été choisies pour construire ce tableau.

La fin de l'exceptionnelle période de prospérité de l'après-guerre

L'après Seconde Guerre mondiale, économiquement, se prolongea jusqu'au début des années 1970 et fut la période faste du vingtième siècle. La postérité a gardé le souvenir d'une période économiquement heureuse, des deux côtés de l'Atlantique, caractérisée par le plein emploi et la croissance relativement élevée du pouvoir d'achat des ménages. Ce fut vrai en Europe et presque autant en Amérique du Nord. L'oncle Sam se montra magnanime avec ses ressortissants. Les revenus furent distribués relativement équitablement entre les citoyens des différentes strates sociales, des plus modestes au plus aisés, avec le renforcement de la classe moyenne. De 1947 à 1970 le taux moyen de chômage fut de 4,7%. Une bonne performance contrairement à ce qu'on pourrait croire en France où ce taux pendant la même période resta en moyenne au-dessous de 1% [42]; les populations du pays ont donc bénéficié du plein-emploi[43]. Si l'on ajoute à ce constat

[41] L'effet de l'augmentation des prix a été éliminé.

[42] Soulignons que les économistes soutiennent depuis longtemps qu'aux Etats-Unis le taux de chômage ne peut descendre au-dessous de 4% pour des raisons qu'il serait trop long d'exposer ici.

[43] C. Sauviat, *Etats-Unis : l'emploi contre les salaires depuis les années 1980*, revue de L'Ires, 2012/2, n°73, publication : www.cairn.info.

une hausse des prix modérée (3%) et une croissance équilibrée (les exportations restent égales aux importations) du commerce international encadré par des règles du jeu respectées imposées par le système monétaire international de Bretton-Woods, cette croissance fut sécurisante. Dans cet environnement dominait l'optimisme et la foi dans le progrès en dépit de la guerre froide et de la menace nucléaire.

Cette période heureuse se termina assez brusquement dès le début des années 1970. Une aire nouvelle allait commencer. Une transformation importante du fonctionnement du capitalisme américain était déjà silencieusement à l'œuvre, mais elle fut précipitée par de sérieuses turbulences économiques et géopolitiques, telles que la crise de confiance internationale dans le dollar, sa dévaluation, l'abandon de l'étalon-or[44], l'abandon du système monétaire international de Bretton-Woods[45], les hausses spectaculaires du prix du pétrole, la guerre au Proche-Orient, la chute du Shah et l'installation d'un régime révolutionnaire hostile en Iran[46].

Une période transitoire agitée et difficile (1971-1980)

La belle mécanique économique parut se dérègler. Le taux d'inflation franchit allègrement l'ancien plafond des 3% et atteignit même un pic de 10% en 1975. La lutte contre

---

[44] Le dollar était déjà devenu la monnaie des relations internationales et la monnaie de réserve des banques centrales ; de facto l'or était détrôné depuis longtemps, mais officiellement le dollar était convertible en or à un taux fixe et jusqu'alors invariable (35 dollars l'once d'or) c'est cette convertibilité que les Américains décidèrent d'abandonner. Les détenteurs de dollars ne peuvent plus les convertir en or de la banque centrale. Des explications complémentaires sont données ci-après chapitre IV, section 3 « Le dollar meilleur que l'or ».

[45] Caractérisé notamment pas la fixité des taux de change entre les monnaies.

[46] Par ex. A. Valleray, prologue, sections III et IV, 2017.

la hausse des prix devint alors prioritaire. L'abandon du système monétaire international de Bretton-Woods introduisit les premiers dérèglements des relations monétaires, commerciales et financières internationales entre les pays partenaires, ce qui compliqua encore le pilotage des économies. Les autorités politiques et monétaires ne purent en reprendre le contrôle qu'en freinant la croissance de la production et en sacrifiant l'emploi. Le chômage explosa, son taux resta presque toujours supérieur à 7% jusqu'au début des années 1990. Suivirent plus de vingt ans de problèmes sur le marché de l'emploi, si bien que des économistes américains soutinrent que dans ce nouvel environnement le taux de chômage ne pouvait plus baisser au-dessous de 7 ou 8%, au lieu des 4% de la période précédente.

2. Les succès en trompe-l'œil de l'économie américaine (1980-2021)

La Grande Modération (1980-2007) et la Grande Récession (2007-2009)

L'évolution ultérieure allait leur donner tort. Le taux de chômage jusqu'alors rebelle aux remèdes diminua nettement avec un taux moyen de 4,8% entre 1995 et 2000. En fait, la récession des années 1981/1982 marqua la fin d'une décennie de turbulences. L'économie parut entrer dans une ère nouvelle plus paisible, plus heureuse. Ce fut la « Grande Modération » (1983-2007) caractérisée par un nouveau cycle de croissance de la production nationale (tableau 1) dans un cadre mondial élargi. L'économie américaine entraîna dans son sillage le décollage des économies des pays émergents[47]. Un renouveau ? En fait, les apparences étaient trompeuses. De graves déséquilibres minèrent de l'intérieur le fonctionnement de l'économie américaine provoquant la Grande Récession de 2007/2008.

[47] A. Valleray, 2017, prologue, section IV.

Le choc fut violent et ébranla les économies des pays développés capitalistes. La catastrophe fut évitée de justesse grâce à la capacité manœuvrière des autorités monétaires et politiques du pays en collaboration avec les actions des responsables politiques et monétaires des pays partenaires[48].

Le retour de la prospérité (2010-2021)

Après une période de flottement, l'économie américaine « pensa ses plaies ». Elle revenait de loin, mais la croissance économique reprit de plus belle, plus lentement les premières années jusqu'à retrouver un rythme assez satisfaisant. A la fin de l'année 2021[49], le nouveau cycle de croissance de l'économie est le plus long de l'histoire économique du pays. Quant au taux de chômage, il a diminué jusqu'à atteindre officiellement un taux de 3,6% au début de l'année 2020.

Présentées ainsi les performances économiques d'ensemble de la première puissance économique mondiale (1971-2021) paraissent relativement honorables, surtout si on les compare avec les résultats obtenus par l'économie française, guère flatteurs il est vrai. A partir de 1980, la croissance de la production française (PIB) a été deux fois plus faible que celle des Etats-Unis. Pourtant notre puissant partenaire n'a jamais retrouvé ses performances antérieures à l'année 1970 (tableau 1) et aurait pu mieux faire[50].

Sur la base des données précédentes (croissance du PIB, chômage), tout paraît aller pour le mieux ou presque pour l'économie américaine. Ce panorama est pourtant

---

[48] A. Valleray, 2017, chapitre VII.1, la Grande Récession, les victimes et le faux ami.

[49] Le fonctionnement de l'économie américaine a été affecté par la pandémie du Covid, mais le cycle de prospérité n'a pas été vraiment interrompu. A la fin de l'année 2021, le marché du travail restait proche du plein emploi.

[50] G. Stiglitz, 2019, op.cit.

trompeur, car tout ne va pas bien aux Etats-Unis, à loin près. Car la réalité est moins enthousiasmante sur la base d'analyses complémentaires. La mondialisation promue par les entreprises nationales, associée à l'abandon des principales règles d'encadrement de l'économie américaine, ont introduit dans le fonctionnement du système économique des failles porteuses de dysfonctionnements potentiels ou ouverts (la crise de 2007/2009). L'économie du pays elle-même est loin de s'en sortir indemne en relation avec une transformation importante des rapports économiques mondiaux.

3. La concurrence japonaise et les coups portés à l'industrie américaine

Le déclin des effectifs industriels, un phénomène normal ?

La croissance des richesses produites masque l'affaissement de l'industrie du pays. Le pourcentage des salariés de ce secteur qui reste au cœur de la prospérité est passé de 25 à 10% en vingt ans (2018). Des économistes ont beau soutenir que cette évolution traduit la transformation normale d'une économie très développée, le compte n'y est pas.

Ces derniers expliquent que l'activité est toujours plus générée par les productions du secteur tertiaire. Quant à la production industrielle, même si elle poursuit sa croissance à un rythme un peu plus lent, elle est de plus en plus le fruit de l'activité des machines toujours plus robotisées. Ces transformations provoqueraient l'essentiel du déclin des effectifs industriels. Un phénomène comparable s'était produit dans le domaine agricole. Pendant plus d'un siècle, la population active du secteur n'a cessé de diminuer jusqu'à être ramenée à 2% du total. De leurs analyses, modèles mathématiques à l'appui, des économistes concluent que la mondialisation n'y serait pour rien, ou si peu !

Tous les analystes ne partagent pas ce point de vue très optimiste. La réalité peut être appréhendée sous un autre angle. En effet, loin des spéculations précédentes, la guerre économique mondiale fut enclenchée, sans doute bien imprudemment, par les entreprises du pays dominant, soutenues par les pouvoirs publics trop sûrs de leur supériorité. Cela nous amène aux grands adversaires du colosse américain. La Chine est dans tous les esprits. Dans cette galerie contemporaine, le Japon est injustement oublié, car c'est lui qui fut à l'origine de l'amorce du déclin industriel américain avant de céder la place.

L'offensive victorieuse japonaise et la revanche des Américains

Le Japon, on s'en souvient, fut l'un des deux grands vaincus de la Seconde Guerre mondiale. Par un extraordinaire rebond de l'Histoire dû à l'énergie et aux qualités hors norme de ses populations, les successeurs des intrépides guerriers des guerres précédentes ont réinvesti le champ des entreprises. L'économie nipponne allait vite devenir la vedette phénomène de la nouvelle aire qui s'ouvrait. Jusqu'à la fin des années 1980, le pays du Soleil-Levant connut ainsi ses quarante glorieuses avec une croissance de sa production nationale souvent proche de 10% par an ! Une fois les bases économiques intérieures refondées, ses dirigeants renouvelèrent complétement la stratégie économique de l'avant Seconde Guerre mondiale. Elle était alors guidée par la fabrication de produits bas de gamme ; elle allait être fondée sur la conception et la production de marchandises de gamme technologique supérieure et très fiables (faible nombre de pannes).

Les entreprises nippones se lancèrent alors à la conquête des marchés étrangers. Cette offensive fut très remarquée en Occident à partir du début des années 1970. Grâce à la qualité supérieure de leurs produits, les succès commerciaux devinrent vite spectaculaires. Le Japon impressionna et surtout fit peur en Europe et encore plus aux Etats-Unis qui était en première ligne. Le principal allié – et protégé – américain en Asie était devenu un redoutable concurrent commercial. Les entreprises nipponnes commencèrent à tailler des croupières dans le tissu industriel de l'économie la plus puissante du monde et le déficit du commerce extérieur de cette dernière se creusa dangereusement dans la première moitié des années 1980. En 1984, celui-ci atteignit le chiffre inquiétant de 113 milliards de dollars généré principalement (un tiers) par les entreprises japonaises.

Pour l'Oncle Sam, atteint dans son orgueil, s'en était trop. Dans l'opinion publique, le « Japan bashing » a été violent allant jusqu'à la casse de voitures japonaises devant les écrans de télévision. Quant aux pouvoirs publics, ils déclenchèrent les hostilités en 1981. Dans un premier temps, le nombre de voitures japonaises que les clients résidents avaient le droit d'importer fut contingenté[51]. Ce n'était que le début d'une véritable guerre commerciale. En 1985, à la suite d'une réunion mémorable en présence des grandes puissances occidentales, fut conclu l'accord de Plaza. En fait d'accord, le Japon fut contraint de réévaluer le yen, et quelle réévaluation ! Sa valeur augmenta ainsi de 60% en deux ans sur les marchés des changes ! Autrement dit, les importateurs américains, pour ne citer qu'eux, durent payer leurs achats nippons 60% plus cher. Faut-il souligner que cette offensive américaine a été autrement plus brutale, à ce jour, que la guérilla enclenchée trente ans plus tard avec la Chine et l'Allemagne, même si cette

[51] Le nombre de voitures achetées au Japon ne pouvait dépasser un plafond, ce procédé est une autre façon de limiter la croissance des importations.

dernière a fait beaucoup parler ? Et ceci avec le pays devenu après-guerre un précieux allié en Asie.

Les conséquences de ce coup de force furent pour une part inattendue. Le Japon parut relever le défi. Avec la hausse de la valeur internationale du yen, la puissance financière du pays fut dans un premier temps considérablement renforcée. Quant à son excédent commercial, objet du litige avec le puissant protecteur, contrairement à l'attente de ce dernier, il ne diminua pas, en tout cas jusqu'à la fin du 20ème siècle. En fait, les responsables américains (déjà !) s'étaient attaqués aux conséquences de leurs problèmes sans s'interroger sur les causes industrielles du déficit commercial de leur pays, à savoir la perte de compétitivité d'une partie de leur industrie comme l'a souligné Claude Meyer[52]. Cette réévaluation contribua aussi à changer la physionomie économique de l'Asie du Sud-Est. Quelques pays asiatiques avaient déjà des bases industrielles mais restaient fermés sur eux-mêmes. La Corée du Sud, Taïwan, Singapour, Hongkong, firent alors un bond en avant. Aidées par les capitaux japonais, leurs industries se renforcèrent et allaient être capables d'affronter avec succès la concurrence internationale, y compris aux Etats-Unis. Ces pays allaient devenir les bases arrière de l'acte suivant de la mondialisation, encore plus redoutable. Quant aux entreprises nippones, étranglées par la force de leur monnaie et donc à la recherche de coûts plus faibles, elles allaient de leur côté externaliser des activités en Asie du Sud-Est, attirées par la grande modicité des salaires. Fut de

---

[52] *Le renminbi doit-il être réévalué ? Les leçons de l'expérience japonaise*, revue d'économie financière, 2011/2, n° 102, numérisé dans www.cairn.info. Lire aussi J.R. Chaponnière dans un article lui aussi instructif, *Il y a trente ans, l'endaka ou le yen réévalué*, www.asialyst.com, 6/10/2015. Ces deux articles sont complémentaires et permettent de comprendre l'histoire de cette période en Asie.

la sorte généré le début du décollage économique des économies bénéficières (notamment Thaïlande, Indonésie, Malaisie, Bengladesh, Birmanie, Vietnam). Ainsi fut amorcée la nouvelle compétition par les coûts qui allait bientôt faire rage et contribuer au changement du monde.

Mais les effets pervers de cette endaka[53] n'en furent pas moins décisifs. En définitive, le Japon fut le grand vaincu de cette guerre commerciale. Le pays, en somme, avait été mis au pas et pour longtemps. Un des ressorts de son économie parut cassé ; ce fut la conséquence indirecte du coup de force américain. Les raisons vont en être présentées sommairement ci-après. Les exportations étaient devenues un des principaux moteurs de la croissance nippone et la réévaluation cassa cette dynamique. Pour tenter d'y remédier, la demande intérieure fut « dopée » par une politique volontariste de création de monnaie (pour créer du pouvoir d'achat), si bien que la croissance du PIB conserva dans un premier temps des performances honorables, 5% jusqu'en 1989. Pourtant, cette création de monnaie allait parasiter et pour longtemps la vie financière et économique du pays.

C'en était fini du miracle économique japonais. A partir du début des années 1990, la croissance du PIB ne dépassa pas 1% par an en moyenne, une quasi-stagnation ! Et les performances ne s'améliorèrent pas vraiment par la suite. Le pays fier et même parfois arrogant de la grande période de conquête des marchés étrangers cessa de faire peur, tant et si bien que les opinions publiques occidentales ont presque fini par oublier cet épisode pourtant marquant de la vie économique internationale. Touchée mais pas coulée l'économie japonaise allait poursuivre en mode mineur sa

---

[53] Réévaluation du yen, par extension une période de dix ans jusqu'en 1995, date à laquelle les Etats-Unis acceptèrent de faire des concessions.

marche en avant, beaucoup plus discrètement et modestement.

Mais pour autant les Etats-Unis ne sortirent pas vainqueurs de cette confrontation. Le processus de mondialisation en Asie était enclenché. La guerre économique allait continuer avec d'autres adversaires et l'industrie américaine allait connaître de nouvelles déconvenues. Au début de ce nouvel épisode, la Chine n'était pas encore un adversaire économique. Ce sont les entreprises américaines qui ont créé elles-mêmes la concurrence qui allait les bousculer sur leur territoire intérieur !

4. Les Etats-Unis sur la voie du déclin

L'affaissement de l'industrie ou la métaphore du serpent qui se mord la queue

Les grands groupes industriels, on s'en souvient, obsédés par la recherche des coûts les plus faibles possibles, ont voulu délocaliser leurs usines dans les pays à faibles salaires, principalement en Chine. Au début des années 1970, le processus de libre-échange avait atteint ses principaux objectifs ; les frontières nationales étaient devenues grandes ouvertes ou presque. Les produits ont donc pu circuler assez librement d'un pays à l'autre. S'en est suivie une redistribution rapide et brutale de la spécialisation du travail. Aux Etats-Unis, en est résulté une entrée massive de marchandises : les unes proviennent des pays ateliers d'Asie ; les autres, c'est moins médiatisé, proviennent des économies développées, principalement d'Allemagne, et plus subsidiairement aujourd'hui du Japon.

Les marchandises en provenance des pays peu développés sont le plus souvent usinées dans des filiales des entreprises américaines ou dépendantes d'elles, avant 2010[54] surtout. Cet afflux, du fait de ses prix imbattables,

---

[54] Par la suite la Chine a commencé à s'émanciper.

concurrence les productions nationales qui en font les frais. En somme, les salariés des pays émergents très peu payés se sont substitués aux salariés américains très bien rémunérés. Cette concurrence indirecte, outre qu'elle a détruit un nombre considérable d'emplois, a beaucoup pesé sur l'évolution des salaires de l'Américain moyen, il faudra y revenir.

Cette singulière particularité fait penser à l'histoire mythologique du serpent qui se mord la queue. Celui-ci, en quête de proies, avale sans le comprendre sa propre queue, une autodestruction en somme qui n'est pas sans évoquer l'histoire industrielle américaine contemporaine.

Il convient de ne pas négliger pour autant une seconde interprétation, classique, de la métaphore : la renaissance éternelle. Parce que celle-ci renvoie à un autre pan de cette histoire avec le surgissement de nouvelles générations d'entreprises ; les GAFAM, très médiatisés aujourd'hui, sont les fers de lance de la nouvelle économie mondiale (Google, Apple, Facebook, Amazon, Microsoft). Il faudrait y ajouter les dernières venues telles que Netflix née en 1997 et quelques autres. Il conviendra pourtant de montrer les limites de cette nouvelle génération d'entreprises.

Les GAFAM, de beaux arbres qui cachent une partie de la forêt

Ces entreprises sont parties de rien (ou si peu), mais, elles ont si bien réussi qu'elles sont devenues des géants mondiaux en moins de vingt ans ! Les deux plus vieilles ont été créées au début du dernier quart du 20ème siècle ; les trois autres ont vu le jour à l'orée du 21ème siècle.

Microsoft a été créé en 1975 ; onze ans plus tard l'entreprise entrait en Bourse et son co-fondateur devenait milliardaire ! Apple a vu le jour dans le garage de son fondateur en 1976, on s'en souvient, et est devenue assez rapidement un géant de son secteur en Amérique et à l'étranger. Amazon est née en 1994 ; elle est devenue le premier distributeur non alimentaire et sa croissance est loin d'être terminée. Google a été créée en 1998 pour devenir au terme d'une croissance fulgurante la première valeur boursière du monde ! Facebook, le plus jeune des « mousquetaires », voit le jour en 2004, à l'origine pour répondre aux besoins de communication d'un petit groupe d'étudiants. Rapidement, ce marché est élargi et la croissance est fulgurante surtout à partir de 2010 jusqu'à devenir le leader difficilement contournable de son secteur. Ces mastodontes sont en tête de la capitalisation boursière américaine, même si ses membres ne pèsent pas autant sur la base d'autres critères (parmi les trente premières du classement sur la base du chiffre d'affaires, du nombre de salariés et même du profit). Dans leur sillage naissent et se développent un grand nombre d'entreprises innovantes, des start-up. Les GAFAM comptent parmi les grands gagnants de la mondialisation ; ils n'auraient pas connu une croissance aussi foudroyante dans un espace économique plus restreint.

Ces grands groupes témoignent de la vitalité de la première économie du monde. Dans leur mouvance naissent et se développent une myriade d'entreprises plus modestes mais très dynamiques. Pourtant cette aile marchante ne suffit pas pour compenser, et à loin près, les pertes industrielles enregistrées par ailleurs. Assurément, ce sont de très beaux arbres, mais ils cachent une partie de la forêt.

Les firmes américaines plus classiques, nées de la précédente vague industrielle, paraissent mettre plus d'entrain à investir dans les pays peu développés qu'à créer de la richesse au sein de leur économie nationale. Elles recherchent sans relâche les coûts les plus faibles là où elles peuvent les trouver dans des recoins éloignés de la planète. Leur objectif devenu obsédant est l'augmentation de leur rentabilité, et donc, celle des revenus et de la richesse de leurs actionnaires, les grands maîtres de l'économie. De surcroît, pendant les années 2010, ces firmes ont utilisé une partie de leurs bénéfices pour racheter leurs actions afin d'en faire monter les prix à la grande satisfaction des actionnaires. Les cours de la Bourse, effectivement, ont fini par atteindre au début de 2020 avant la crise du Covid 19 des sommets inégalés, bien au-dessus de la valeur effective des entreprises. Par contre, leurs efforts d'investissements sur le territoire sont insuffisants, ce qui pénalise la croissance de la production nationale comme le souligne J. K. Stiglitz[55]. Certains économistes vont même jusqu'à émettre des doutes sur la compétitivité de pans entiers de l'économie américaine. « Le vrai problème de l'industrie américaine, c'est qu'elle n'est plus au niveau, soutient Sébastien Jean directeur du Cepii. Trump s'étonne de voir davantage de Mercedes que de voitures américaines dans les rues, mais c'est peut-être tout simplement parce que les berlines européennes sont meilleures »[56]. En fait, les limites de la compétitivité de l'industrie américaine paraissent antérieures aux récentes déconvenues comme l'avaient illustré les déboires avec le Japon une quarantaine d'années plus tôt.

Pour résumer, l'industrie du pays « intramuros » est attaquée sur deux fronts bien distincts : d'un côté par les productions des usines des pays ateliers, principalement chinois, de l'autre par les marchandises de l'industrie européenne, principalement allemande et par celles de l'industrie japonaise, mais plus subsidiairement aujourd'hui pour cette dernière. La supériorité des premières est fondée sur la modicité des coûts bien que la situation évolue à grande vitesse ; celle des secondes

---

[55] 2019, op.cit.

[56] Cité par E. Botta, *Chine/Etats-Unis*, L'Express, 3568, 20/11/2019.

s'appuie sur la maîtrise de technologies et techniques souvent complexes (à défaut d'être forcément nouvelles) et sur la maîtrise des processus de production. L'image de la qualité allemande a fait le tour du monde et elle brille d'un vif éclat aux Etats-Unis comme ailleurs. Leurs produits triomphent et taillent eux aussi des croupières dans les flancs des entreprises et de leurs effectifs salariés. Au total, l'industrie bousculée « bat en retraite »[57] et les salaires stagnent. Des conséquences importantes en résultent. Elles provoquent des déséquilibres graves dans le fonctionnement de l'économie américaine.

Ce reflux industriel n'est pas compensé suffisamment ni par le développement d'industries fondées sur des technologiques innovantes ni par les performances des entreprises du tertiaire. Une destruction de richesse d'un côté, un remplacement insuffisant de l'autre, la croissance de la production nationale s'en trouve freinée. Pendant ce temps-là les Américains achètent à l'étranger sans modération à des prix défiant toute concurrence ce qu'ils ne trouvent plus sur place à des prix attractifs ; ils achètent également les produits de qualité supérieure que ses entreprises ne paraissent plus capables d'offrir. Les importations affluent et progressent bien plus vite que les exportations générant un déséquilibre abyssal de la balance commerciale. Le pays s'endette. Comment la puissante Amérique en est-elle arrivée là ? Ce déséquilibre est une des conséquences des faiblesses de l'industrie. Le mal a d'autres racines nées de dysfonctionnements économiques. Au total le pays n'arrive plus à équilibrer sa croissance économique.

---

[57] Le solde net des exportations allemandes vers les Etats-Unis (net des importations allemandes en provenance des Etats-Unis) atteignait en 2018 40% du total des exportations nettes chinoises et la somme des deux excédents atteignait plus de 90% du déficit de la balance commerciale américaine !

Ces faiblesses devraient affecter la progression du niveau de vie des agents économiques, pouvoirs publics compris. Or ceux-ci, arcboutés sur la puissance économique et monétaire du pays, résistent et vivent au-dessus de leurs moyens. Ils n'ont pas su ou voulu s'adapter à cette situation. Les Américains dépensent trop ; non seulement ils n'épargnent pas assez, mais de surcroît, ils achètent trop à l'étranger au-delà de leur capacité d'achat. A ces excès s'ajoute le problème de la distribution des revenus devenue très inégalitaire. Se creusent ainsi des grands désajustements liés les uns aux autres.

Chapitre IV

Les grands désajustements économiques et la maladie du capitalisme américain

Derrière la façade de la croissance relativement confortable de la production nationale, le fonctionnement de l'économie américaine libéré des règles de tutelle engendre des désajustements susceptibles de peser sur son développement futur.

La croissance des inégalités est spectaculaire ; ce dysfonctionnement n'est pas seulement une menace pour la paix sociale du pays, il contribue probablement à engendrer des déséquilibres plus graves pour le fonctionnement de l'économie américaine.

Ainsi, tandis que l'épargne collective décline, est observée la naissance d'un désajustement entre la croissance des dépenses et la croissance de la production ; l'ensemble des dépenses des agents économiques a commencé à dépasser le total des productions et le phénomène est allé en s'aggravant. Le pays dépense trop, il vit au-dessus de ses moyens.

Ce problème, lié au déclin de l'industrie, est en même temps en relation avec l'inquiétant déséquilibre de la balance commerciale du pays et la dangereuse progression de l'endettement. Ces désajustements constituent des menaces encore virtuelles pour la puissance économique du pays, mais ils sont lourds de menace pour l'avenir, au-delà même des frontières du pays.

1. La croissance spectaculaire des inégalités à partir des années 1980 et le taux d'épargne

L'examen de la distribution des revenus entre les groupes sociaux met en lumière un constat stupéfiant. La croissance de la production nationale a été relativement honorable (tableau 1). Une fois retranché l'effet de la croissance de la population, est obtenue la croissance de la production par habitant ; la progression des revenus par habitant devrait évoluer à un taux proche de la première donnée citée. Pour la grande majorité d'entre eux, il n'en a rien été et à loin près. Les études le montrent, la croissance du pouvoir d'achat n'a profité qu'à une minorité.

En 1945 les populations très favorisées, représentées par le 1% de l'ensemble, recevaient 7% des revenus distribués, une part raisonnable par comparaison à la situation actuelle. Ce pourcentage a certes progressé ensuite mais lentement pendant trois décennies.

Le début des années 1980 marque une rupture avec la situation antérieure. La mondialisation libérale a entamé son cycle et l'élite triomphe. **Le groupe des 1% n'a cessé d'accaparer une part grandissante du revenu distribué, jusqu'à atteindre 22% en 2008**. Le long cycle de croissance américaine qui s'est déployé pendant toute la décade 2010 n'a pas changé grand-chose à ce constat ; la situation n'a été que légèrement corrigée (20% en 2018). Ce petit groupe, le 1%, a ainsi bénéficié de 47% de l'accroissement des revenus distribués aux ménages depuis 1980 ! Quant au groupe des 10% les mieux rémunérés, en 1965 il bénéficiait de 35% du total des revenus distribués aux ménages ; en 2018 ce pourcentage atteignait 50%[58]. Depuis 1980 il a capté 88%[59] de la croissance du revenu global. Le 1% (et plus subsidiairement 10% et très peu au-delà) des ménages les mieux rémunérés aux États-Unis sont incontestablement les grands gagnants de la mondialisation. Quant au groupe composé par le 1% du 1%

---

[58] En France, ce pourcentage atteint 33% d'après l'Observatoire des inégalités.

[59] Baromètre socio-économique 2015 de la FGTB.

(autrement dit un individu sur 10 000), il est, du côté des ménages, un des « hyper-gagnant » de cette étape[60].

Paradoxalement, cette spectaculaire croissance des inégalités n'a pas vraiment contrarié la progression des dépenses des agents économiques du pays, ménages compris. Comment alors ces derniers s'y sont-ils pris pour réunir les financements nécessaires ? Et avec quelles conséquences sur le fonctionnement de l'économie ?

Un dangereux endettement de tous les agents économiques

Dans la mouvance du dynamisme économique d'ensemble, les groupes défavorisés par la distribution des revenus (80% des ménages) ont voulu, eux aussi, continuer à dépenser plus, mais avec quelles ressources ?

Ils ont travaillé plus quand ils le pouvaient[61], et surtout, ils ont puisé dans leur épargne et se sont endettés de diverses manières. Cette fringale de consommation trouve sa traduction dans les chiffres de la comptabilité nationale. En 1980, la consommation des ménages atteignait 60% du produit intérieur brut (PIB) ; au début du 21ème siècle, cette part atteignait 70% et elle a à peine diminué depuis (elle dépassait 67% en 2019). Le rédacteur du magazine Fortune, décidément enthousiaste, a même pu écrire que « si l'économie américaine a un héros en 2019, c'est bien le

---

[60] Baromètre socio-économique 2015 de la FGTB. Lire aussi notamment J.E. Stiglitz, *Peuple, pouvoir & profits*, chap. 1, 2019, o.c.

[61] A rapprocher, pour ceux qui s'en souviennent, du slogan popularisé par le président Sarkozy. Officiellement la durée du travail aux Etats-Unis est de 35 heures par semaine, mais en période de prospérité l'Américain moyen cherche un travail d'appoint voire même un second. Certains retraités font de même. Le slogan destiné aux Français qui se plaignaient de l'insuffisance de leur pouvoir d'achat était « Travailler plus pour gagner plus ». Le mettre en perspective avec la situation américaine ne manque pas d'une saveur ironique.

consommateur américain »[62]. C'est que cette année-là, la croissance américaine était moins dynamique ; les consommateurs américains par l'accroissement de leurs dépenses, plus que les entreprises perturbées par la guérilla commerciale engagée par le président Trump, contribuèrent à la soutenir.

Un super-héros le consommateur, vraiment ? Effectivement comment fait-il donc ce consommateur américain privé de croissance de revenus depuis le début des années 1980 pour tant dépenser ? Il a bénéficié de la grande sollicitude du système bancaire avec la complicité de la banque centrale du pays.

D'un côté ce système, libéré des règles prudentielles de la période antérieure, est disposé à accorder trop facilement les crédits (en prenant le risque de ne pas être remboursé). L'offre d'emprunts est plus diversifiée et plus accessible qu'en France et les ménages font usage sans modération de leurs cartes de crédit ; en moyenne une famille américaine en possède treize.

La banque centrale, de l'autre, a encouragé cette dérive en favorisant la croissance de la masse monétaire par une politique de taux d'intérêts faibles. « La planche à billets » a beaucoup fonctionné depuis au moins une vingtaine d'années. Et la crise née du Covid a donné un grand coup d'accélérateur à cette politique. En un mois et demi, la Banque centrale du pays a créé plus de monnaie que pendant les dix années précédentes[63] ! Tout se passe un peu comme si cette distribution de monnaie à bon marché avait pris la place de la croissance des revenus des populations concernées.

---

[62] Cité par *Le consommateur américain ce super-héros*, Economie Matin, 6/12/2019.

[63] G. Ugeux, *Wall-Street à l'assaut de la démocratie*, Odile Jacob, 2021.

En économie, toute potion magique trouve ses limites. Malheureusement, la monnaie n'est pas distribuée gratuitement par des hélicoptères survolant les logements des ménages qui en ont le plus besoin. Une partie de cette monnaie fraîchement créée arrive sur les comptes des ménages (et autres agents économiques) par les canaux des réseaux bancaires sous forme d'emprunts que les bénéficiaires devront rembourser et qui alourdissent leur dette (dangereusement pour une fraction d'entre eux)[64].

Ont ainsi été créées, une nouvelle fois, les conditions d'un grave désajustement entre le montant des dettes et la capacité de leur remboursement.

Les pouvoirs publics de leur côté ne donnent pas l'exemple. Le président Clinton (1993-2001) avait restauré l'équilibre des finances publiques fédérales. Ses successeurs n'ont pas eu cette prudence, surtout les Républicains. Le président Trump, par ses mesures de réduction des impôts, principalement au bénéfice des plus riches, entreprises et ménages, a, au contraire, contribué à creuser ce déficit (4,3% du PIB en 2019). Depuis 2002, le montant total de la dette publique n'a pas cessé d'augmenter.

S'y ajoutent les dettes des entreprises ; celles des petites et moyennes surtout, dans la sphère des nouvelles technologies, ont retenu l'attention. Nombreuses sont celles

---

[64] De surcroît, malheureusement, cette monnaie n'est pas attribuée, ou si peu, aux ménages qui en ont le plus besoin. Elle reste le plus souvent entre les mains des plus riches qui s'en servent, entre autres, pour faire monter le prix des actions ou celui des biens immobiliers. Elle contribue également au financement de la dette publique américaine. Mais les dépenses ainsi générées contribuent à l'aggravation des déséquilibres dont souffre l'économie. Par contre, et c'est propre à notre époque de mondialisation, dans les pays développés, la création de monnaie n'a pas engendré d'inflation (des prix des productions offertes).

qui, inspirées par le fabuleux destin des GAFAM, font des paris sur l'avenir, prennent des gros risques et empruntent sans modération en espérant des gains et une croissance qui ne viendront peut-être jamais.

Pourtant la Bourse s'emballe. Tesla en est une des illustrations. La firme a été créée aux Etats-Unis pour mettre au point et vendre des automobiles à motorisation électrique dans l'espoir de révolutionner le marché grâce à ses innovations, un pari fabuleux. L'entreprise n'a commencé à enregistrer des bénéfices (les recherches coûtent très cher) qu'en 2020 et pourtant sa capitalisation boursière a atteint une valeur « astronomique », soit 200 milliards de dollars[65]. Ses actionnaires spéculent sur ses succès futurs. Les pessimistes redoutent au contraire l'effet d'un mirage ; la Bourse, si rationnelle d'après ses laudateurs, serait-elle devenue folle ?

Tesla n'est que l'exemple le plus flamboyant de ces entreprises portées par des promesses plus ou moins fabuleuses ; elles ont déjà vendu la peau de l'ours, mais elles n'ont pas encore tué l'animal. Tous les paris sur l'avenir ne pourront être gagnés. Les perdants seront incapables de rembourser leurs dettes. Certains observateurs, les pessimistes, craignent qu'ils soient nombreux et pourraient contribuer à déclencher une crise financière.

L'énorme cumul des endettements des ménages devenus incapables de rembourser leurs dettes avait été une des causes de la crise de 2007-2008[66]. Même si des corrections ont été effectuées depuis pour corriger les abus bancaires les plus criants, les dérives sont loin d'avoir été toutes éliminées. Une douzaine d'années plus tard, des groupes

---

[65] Cette valorisation dépasse celle de Toyota qui produit vingt fois plus de véhicules, dans Lionel Steinman, les Echos.fr, 1/07/2020.

[66] A.Valleray, chap. VII.1, *La Grande Récession, les victimes et le faux ami*, o.c., 2017.

importants de ménages se retrouvent trop endettés ; en 2019, ces dettes ont atteint leur plus haut niveau historique informe la FED[67] (banque centrale US).

Les ménages, l'Etat et une partie des entreprises se sont endettés au-delà du raisonnable. « Aujourd'hui, tout recommence à l'identique [comme en 2007] » estime Jacques Attali. « Le montant total de ces prêts était de 1 300 milliards de dollars en septembre 2018, soit le double… [du montant évalué] au moment du déclenchement de la crise précédente. » Cette dette a encore augmenté en 2019 puis en 2020 et 2021. Sur la base de ces données, fort peu rassurantes, l'auteur craint qu'une fois encore nombre de banques se retrouvent confrontées à une cascade d'emprunts non honorés, qu'elles soient incapables d'absorber ces pertes et se retrouvent acculées à la faillite (les banques ont des fonds propres mais pour le principal elles prêtent avec de l'argent qu'elles ont emprunté). Et de conclure, « On ne pourra donc éviter la catastrophe que si les banques centrales … rachètent toutes les dettes … préparant un effondrement total de la confiance dans le système financier planétaire »[68]. Le banquier français Bertrand Badré, de son côté, a écrit un livre entier pour faire part de son inquiétude à ce sujet. « En 2008, explique-t-il, nous avons sauvé le système sans le réformer ». Il ne faut pas seulement prendre en compte les dettes des agents économiques. Il convient tout autant d'examiner les valeurs boursières qui ont atteint des valeurs considérables. Certains commentateurs s'en réjouissent. Mais poursuit B. Badré « Près de 40 000 milliards de dollars de valeur boursière ont été créés en déconnexion avec l'économie

---

[67] Dans Economie Matin, 6/12/2019, a.c.

[68] J. Attali, *Illusion démocratique et cynisme capitaliste*, L'Express, Opinions, 30/01/2019.

réelle »[69]. Le banquier, parmi d'autres, rejoint les conclusions de Jacques Attali. En résumé, d'un côté, des dettes considérables ont été générées non seulement par les ménages mais aussi par l'Etat et les entreprises. De l'autre, s'affichent des cours de Bourse surcotés et qui de ce fait peuvent s'effondrer, voilà qui n'est pas rassurant[70]. La situation est potentiellement explosive.

2. Le grand désajustement entre la croissance de la dépense nationale et celle du revenu du pays

Qui finance ces dettes ? Car il doit y avoir au sein d'un pays des agents économiques capables de dégager une épargne[71] qui sera prêtée aux divers groupes d'emprunteurs. Les ménages sont historiquement de gros contributeurs[72]. Rappelons qu'au fil des années, ces derniers doivent financer leurs consommations croissantes avec un revenu stagnant. Leur épargne diminue donc et leurs apports ne permettent plus de financer l'ensemble des demandes croissantes des emprunteurs. Puisque les agents économiques intérieurs prêteurs n'ont pas assez de capitaux

---

[69] *Voulons-nous sérieusement changer le monde ?*, Mame, 2020. L'auteur a été le n° 2 de la Banque mondiale. Banquier éthique, engagé, il a créé par la suite un fond d'investissement pour accompagner le développement durable. Les spéculateurs achètent des actions et le font moins pour toucher des dividendes que parce qu'ils attendent une hausse future de leurs acquisitions. Effectivement, les prix n'en finissent pas de monter, alimentés par les achats spéculatifs ; ces demandes alimentent les hausses parce que « le marché » croit que cela va continuer. Mais, pendant combien de temps ce phénomène pourra-t-il durer se demandent nombre d'experts ?

[70] Les cracks boursiers sont souvent des facteurs déclencheurs de crises économiques parfois graves.

[71] Pour un groupe d'agents, la différence entre le revenu gagné et les dépenses de consommation.

[72] L'épargne des ménages est collectée par les banques qui la prête aux entreprises ou qui achètent des actions.

pour satisfaire la demande, reste une seule solution, il faut se tourner vers les prêteurs extérieurs au pays.

Pour présenter la situation sous un angle différent, c'est le pays tout entier qui dépense trop, autrement dit les divers achats de produits (de consommation et d'investissement) dépassent le total de la production nationale. Puisque cette dernière est insuffisante pour satisfaire toutes les demandes, l'excédent de dépense doit être acheté à l'extérieur du pays. Un pays qui dépense trop est celui qui importe plus qu'il n'exporte. Ainsi, cet excès induit – mécaniquement – le déficit de la balance commerciale. L'équation est simple. **La différence entre la dépense nationale et la production nationale est égale à la différence entre les importations et les exportations** (le déficit de la balance commerciale).

En matière de gestion des ressources, une collectivité nationale a au moins un point commun avec un ménage. Tous les deux doivent équilibrer leur budget. Aucun des deux ne peut durablement dépenser plus qu'il ne gagne. Le revenu d'un pays, l'équivalent du budget d'un ménage, est généré par sa production, les deux totaux sont égaux. Dans les deux situations, un déficit génère une dette qui doit être financée. Mais pour un pays, qui sont les financiers ? Dans ce cas d'espèce ce sont forcément des créanciers extérieurs au pays. Le montant de ces dettes ne peut croître indéfiniment. Ces créanciers, qui veulent être remboursés un jour, ne le supporteraient pas. Les pays n'échappent pas à la loi commune.

Mais, les Etats-Unis ne sont pas n'importe quel pays, car leur économie reste très puissante et leur monnaie est le dollar. Va d'abord être expliqué le rôle que joue cette monnaie si particulière dans l'existence durable du déficit commercial du pays. Il faudra aussi expliquer pourquoi les créanciers acceptent de financer durablement le train de vie de leur puissant partenaire.

3. Le dollar « meilleur que l'or » et le déficit de la balance commerciale du pays

En première approche, la puissante Amérique paie ses déficits commerciaux avec sa propre monnaie, créée par les autorités monétaires du pays ! La dette est-elle pour autant gratuite et peut-elle devenir illimitée ? On verra que c'est plus compliqué que cela, car l'Oncle Sam a en définitive des créanciers[73]. Ces différents points vont être l'objet des explications suivantes.

La puissance de l'économie américaine génère une grande confiance dans la valeur de sa monnaie, autrement dit dans sa capacité à préserver son pouvoir d'achat dans le temps. A l'exception de l'or, et au grand regret de certains spécialistes, il n'existe pas de monnaie internationale reconnue par tous les partenaires aux échanges extérieurs. Quant au métal précieux, dans un contexte de forte croissance de l'activité mondiale, il n'est plus une monnaie adaptée à cette situation. C'est pour cette raison que les échangistes utilisent la monnaie du plus puissant d'entre eux. Ce n'est pas complètement nouveau ; précédemment, ils avaient utilisé la monnaie britannique.

Le dollar, monnaie nationale des Américains à l'intérieur de leurs frontières, est devenu en plus la monnaie des opérateurs du commerce international, quelle que soit leur nationalité dans le monde entier. Le prestigieux « billet vert » est désiré presque partout dans le monde ouvert aux échanges internationaux. Il est désiré parce que, mieux que n'importe quelle autre monnaie, il est accepté comme monnaie d'échange par les opérateurs étrangers. Sa valeur est telle que les gains nets des échanges en monnaie (exportations moins importations) peuvent être stockés par les banques centrales qui l'acceptent au même titre que l'or en sa qualité de monnaie de réserve. En fait, le prestigieux

---

[73] P. Arthus, *Le dollar arme fatale des Etats-Unis*, Les Echos, 4/01/2019.

métal, qui fut pendant des siècles la monnaie universelle, acceptée partout dans le monde parce que la plus sûre, a été détrôné par la monnaie « papier ». Le dollar s'est donc substitué au métal précieux des siècles passés ; il est devenu meilleur que l'or, bien plus indispensable que lui[74].

Cette situation exceptionnelle est source de privilèges, mais elle engendre également des responsabilités et rend utile une explication. Une monnaie, qu'elle soit nationale ou internationale dans un contexte de croissance rapide des échanges extérieurs, doit être suffisamment abondante pour faciliter tous les échanges. Elle ne doit pas non plus être surabondante, car elle perdrait de sa valeur (offre supérieure à la demande) et engendrerait la méfiance des opérateurs. Se pose donc la question de la régulation de son volume. Quand, par exemple, la production croît, le volume de monnaie en circulation doit augmenter lui aussi pour ne pas freiner ce dynamisme. Dans l'idéal, une progression de 5% de la production doit être accompagnée par une croissance du même pourcentage en volume de monnaie émise, tandis qu'une croissance du volume de la monnaie supérieure à 5% risque d'entraîner de l'inflation.

Or, justement, la progression importante des échanges commerciaux internationaux engendre un besoin croissant de moyens de paiement. Celui-ci est alimenté par le déficit de la balance des paiements du pays émetteur. Les importateurs américains paient leurs fournisseurs étrangers avec leurs dollars et ces derniers ne demanderont pas leur conversion en une tierce monnaie parce qu'ils savent que cette devise est acceptée presque partout dans le monde et qu'ils ont confiance en sa valeur. Mais cette offre de dollars

---

[74] M.N. Tannour, *Le dollar, monnaie de réserve mondiale*, Vie publique, publication de la République française, 26/06/2019.

n'est régulée par aucune règle ou mécanisme. Le déficit extérieur américain est fonction de facteurs indépendants des besoins en monnaie du commerce international.

Qu'une monnaie nationale, normalement destinée à servir les échanges économiques à l'intérieur du pays, soit en même temps la monnaie internationale plébiscitée par les partenaires étrangers, dispense les autorités américaines d'accorder une grande attention à l'équilibre de leur balance des paiements. C'est pourquoi ce déficit est chronique depuis longtemps, surtout depuis la fin de la Seconde Guerre mondiale[75]. L'explication est simple. Quand règne la confiance, les détenteurs étrangers de dollars souhaitent les conserver ou alors ils les vendent à leur banque pour obtenir de la monnaie de leur pays. Ces dollars sont déposés à la banque centrale du pays de leur nationalité ; ils constituent pour la banque centrale une réserve aux côtés de l'or. Présentée ainsi, la dette américaine extérieure paraît non remboursable ! Mais c'est plus compliqué et ce privilège a ses limites. Les Américains ne sont pas dispensés pour autant de tout effort d'équilibre. Dans l'idéal, l'offre de dollars générée par le déficit de leur balance commerciale ne doit pas être supérieure à la demande induite par la croissance des échanges internationaux. Un déséquilibre ferait naître des doutes sur le pouvoir d'achat de cette monnaie et une crise de confiance pourrait en résulter. C'est justement ce qui arriva au début des années 1970. Les détenteurs étrangers de billets verts voulurent s'en débarrasser. Les choses faillirent mal tourner ; mais finalement le dollar garda son privilège[76]. Le problème n'est pas pour autant réglé puisque

---

[75] Par ex. Gérard Tassot, Ecoflash, n° 220, 09/2007.

[76] La crise a pourtant laissé des traces, le dollar a cessé d'être converti en or et le système monétaire international de Bretton-Woods fut abandonné générant des troubles parfois graves des échanges internationaux.

ces causes demeurent ; l'offre de dollars reste déterminée par la volonté et à la capacité des pouvoirs publics américains de limiter le déficit de leur balance extérieure.

A la suite de la crise monétaire du début des années 1970, le déficit de la balance des paiements fut tant bien que mal contenu ; plutôt mal dans les années 1980 et le Japon fit les frais des faiblesses américaines dans ce domaine. Globalement, la situation s'améliora un peu ensuite ; par exemple le déficit du commerce extérieur fut limité à 1,5% du PIB entre 1990 et 1998. Mais la tendance s'inversa brutalement de nouveau à partir de 1999. Ce n'était pas un hasard, les produits chinois commençaient à envahir les marchés américains. Ce déficit extérieur augmenta rapidement pour atteindre 6,6% du PIB en 2006. Cette année-là, les exportations du pays représentaient 11% du PIB contre 17% pour les importations ; les premières ne couvraient que 65% des secondes[77] ! Le problème ne s'est pas arrangé depuis (tableau 2 page suivante). Deux pays sont principalement à l'origine du problème, la Chine et l'Union européenne. La performance de cette dernière paraît flatteuse, mais elle est générée essentiellement par les capacités exceptionnelles de l'économie allemande.

Les déficits cumulés de la balance des paiements courants ont atteint des montants considérables. L'oncle Sam se trouve maintenant potentiellement dans une situation difficile, car la somme des dettes accumulées est devenue colossale. Le pays est-il au bord de la crise, sinon comment réussit-il à y échapper ?

---

[77] G. Tassot, a.c., 09/2007.

Tableau 2 : Le commerce extérieur des Etats-Unis et son déficit avec ses principaux partenaires en 2018 (en milliards de dollars)

	PIB	Importations	Exportations	Solde balance	Déficit %
Etats-Unis	21345	3121	2500	-621	24,80%
Echange avec : Chine		539,5	120,3	-419,2	
U.E				-169	
Mexique				-81,5	
Japon				-67,6	
Canada				-19,8	

Source, Bureau américain d'analyse économique ; Bureau américain du recensement, cités par Ouest-France, 26/08/2019.

4. Le financement des déficits américains. Les Américains débiteurs du monde extérieur

Même payée en dollars, la dette américaine ne disparaît pas. En effet, ces « billets verts » qui ont servi au paiement des achats extérieurs sont détenus par des agents économiques extérieurs au pays[78]. Et voilà que réapparaissent les créanciers !

Jusqu'en 2013, la Chine, grâce au considérable excédent de sa balance commerciale, fut le principal banquier de l'oncle Sam. L'épargne intérieure de ce dernier est insuffisante, les dollars ainsi gagnés étaient prêtés sous une forme ou sous une autre, notamment par l'achat des bons du trésor pour financer les déficits publics.

La Chine y trouvait son intérêt. En vendant aux Américains à crédit[79] des volumes considérables de marchandises, elle soutenait la croissance de son industrie. L'épargne du pays était alors considérable, elle atteignit son

[78] Tels que banques centrales, institutions financières, entreprises, riches particuliers.

[79] Une partie des dollars gagnés par les entreprises chinoises retournaient aux Etats-Unis sous forme de prêts, une boucle en somme mais les Américains devenaient les débiteurs de leurs fournisseurs.

maximum en 2010, 58% du PIB[80], stupéfiant ! En conséquence, la demande des agents économiques chinois était nettement insuffisante pour acheter toutes les productions de leurs usines. Une double dépendance associait les deux pays. D'un côté, la croissance de la production industrielle chinoise était puissamment promue par l'importante demande américaine. D'un autre côté, les crédits chinois nourrissaient la demande américaine et leur permettait de vivre au-dessus de leurs moyens. A l'époque, sans la demande américaine, le développement important de l'industrie chinoise aurait été impossible ; mais, sans les crédits chinois, les Américains n'auraient pas pu tant acheter en Chine. Cette situation a nettement évolué depuis 2013. D'une part, l'épargne collective chinoise a commencé à diminuer et, d'autre part, les relations commerciales entre les deux partenaires se sont tendues.

Les temps avaient changé. La Chine n'était plus seulement le pays usine qui permettaient aux Américains de s'approvisionner à bon compte et finalement de vivre au-dessus de leurs moyens, elle devenait un dangereux rival ! Encore faut-il souligner que le réveil a été tardif. Le président Obama, le premier, commença à s'inquiéter de la santé de l'industrie de son pays. Le président Trump lui emboîta le pas de manière bien plus brutale comme chacun le sait. Entre les deux pays, après une période d'observation, la brouille est consommée. Les Chinois cessèrent ainsi de financer les nouveaux déficits américains. Une guérilla commerciale, ponctuée d'armistices, a été engagée à partir de 2018. Pour autant, les pouvoirs publics de l'empire du Milieu (contrairement aux Russes notamment) ne se sont pas débarrassés, ou peu, du considérable stock de créances en dollars antérieurement accumulé. C'est une arme redoutable entre les mains des

---

[80] En France, pays où l'épargne est assez importante, le taux est d'environ 15%.

Chinois, mais ceux-ci en ont usé avec une certaine modération. Leur adversaire, de son côté, même s'il a réussi à marquer des points, n'a pas déclaré une guerre totale ; la force de frappe de leur rival y est certainement pour quelque chose. En 2020, c'était la paix armée, mais le nouveau président fit rapidement savoir que la guerre n'était pas terminée. En fait s'enclenchait une guérilla économique entre les deux grandes puissances économiques et commerciales du monde. Ainsi, entre les deux grands protagonistes se joue une drôle de guerre, une partie de bras de fer à proximité d'un gouffre que chacun des adversaires cherche à éviter.

Les déficits américains n'en continuent pas moins d'augmenter. « La situation de la balance courante américaine est devenue alarmante » écrivait le rédacteur de Flash Eco, une publication de la banque Natixis[81] et ce fut pire avec la crise du Covid. Ce déséquilibre aurait pu plonger le pays dans une crise grave si un autre partenaire ne s'était pas substitué au banquier défaillant. « L'excédent externe de la zone euro [celui de l'Allemagne principalement] sert […] en grande partie à financer les Etats-Unis. … L'Europe sauve les Etats-Unis d'une crise grave »[82]. Ainsi, ces derniers peuvent continuer à importer les produits allemands au bénéfice de la prospérité et de la puissance grandissante du grand vaincu de la Seconde Guerre mondiale.

L'Union européenne n'en fut pas moins, elle aussi, dans la ligne de mire du belliqueux président Trump, voire même la France qui pourtant pèse si peu lorsqu'elle tente de se singulariser. Mais l'Allemagne, surtout, a été une des « bête noire » de l'ancien locataire de la Maison blanche avec ses excédents considérables. « Pour le moment Donald Trump ne semble pas avoir compris que … [cette situation] est le

[81] 23/7/2019.

[82] Flash Eco, a.c.

prix à payer pour financer le déficit extérieur américain comme c'était le cas auparavant avec la Chine » soulignait l'analyste financier Nicolas Perrin[83]. Etonnant ! Le nouveau président lui paraît l'avoir mieux compris. Car, pour l'Allemagne, cet arrangement tacite est financièrement peu satisfaisant estime l'analyste de Natixis. « Le rendement des investissements en titres du Trésor [américains] est évidemment plus faible que celui des investissements que le pays pourrait financer en Europe »[84]. Pourtant, économiquement, le choix se justifie au bénéfice des industriels germaniques, d'autant plus que la hache de guerre paraît être enterrée.

Des chroniqueurs français se sont demandés pourquoi le considérable « trésor de guerre » allemand (les milliards d'euros et de dollars accumulés, fruits du solde net année après année du cumul net de ses excédents commerciaux) profite si peu aux partenaires de l'Union. La réponse paraît être dans l'exposé de cette situation. A sa manière, l'Allemagne elle aussi a choisi « le grand large ». Si le pays le plus puissant de l'Union se fâchait, les Etats-Unis, avec leur dette, pourraient se trouver dans une très fâcheuse posture. Dans cette perspective, notre Union pèse peu.

Au centre du champ de bataille européen se dresse l'Allemagne qui défend ses intérêts nationaux. Entre celle-ci et la première puissance mondiale, la guérilla n'a pas duré. Un conflit n'aurait profité à aucun des deux belligérants probablement, tant il est vrai que la mondialisation a introduit des interdépendances difficiles à dénouer.

Détournons-nous du tragique en fredonnant la célèbre comptine enfantine « Je te tiens, tu me tiens par la barbichette » et en poursuivant « le premier de nous deux

---

[83] N. Perrin, *Qui finance le déficit extérieur américain ?*, Contrepoint, 14/9/2019.

[84] Flash Economie, 15/07/2019.

qui rira aura une tapette ». Dans cette posture, qui a ri le premier ? La Chine sans aucun doute, les Américains manifestement pas. Justement, voilà les mauvais perdants qui assènent des tapettes à leur partenaire. Pourtant, à y regarder de plus près ce n'est pas forcément l'Oncle Jo qui se trouve en meilleure posture.

Le choix américain de la politique de mondialisation, dans un conteste ultra-libéral, a entraîné le pays dans un piège qu'il est difficile de dénouer. Les professeurs Roubini et Mihm sont deux observateurs pertinents de cette évolution dans un ouvrage qui reste incontournable. Le rapport de forces entre l'empire américain et les nouveaux géants, soutiennent-ils, pourrait déclencher des secousses d'une gravité sans précédent. « Ces secousses se feront sentir dans l'ensemble de l'économie mondiale. Elles seront toutefois mineures par comparaison avec la plus violente de toutes : un déclin rapide et désordonné du dollar»[85].

Un article de 2011, écrit dans une revue économique française, surprend lui aussi par sa modernité. Il mérite d'être cité, car ses conclusions les plus intéressantes restent d'une grande actualité. Le pays paraît soigner ses faiblesses en accumulant les dettes tant à l'intérieur qu'à l'extérieur, ce qui génère une interrogation des auteurs. « A quel point faut-il dépenser pour croître ? … [C'est] un mode de financement qui ne peut fonctionner éternellement ». Un jour, une limite sera atteinte et on s'apercevra que « le pays non seulement [est] 'to big to fail' [trop gros pour faire faillite] mais surtout 'to big to help' [trop gros pour être secouru] ». La conclusion des deux auteurs est très claire. « Les Etats-Unis ont besoin de réformer leur économie et leur système financier. La solution est plus domestique qu'internationale. … Les Américains vont-ils élire un nouveau président qui réduirait les dépenses à court-terme de l'Etat, … réformerait le tout puissant secteur financier,

[85] Ibid p. 350.

… et investirait un futur allant au-delà de son propre mandat[86] ? » Ce diagnostic, publié en 2011, rédigé probablement en 2010, aurait pu tout aussi bien être adressé au candidat président, Donald Trump, en 2016 ou tout autant aux candidats de 2020.

Le président Trump voulut résoudre les déficits externes avec l'énergie brouillonne qu'on lui connait. Mais, manifestement il s'est attaqué bien plus à leurs conséquences qu'à leurs causes qui sont intérieures au pays. Les développements précédents donnent des éléments d'explication. Au demeurant, sa politique budgétaire avec le déficit public qu'elle engendre (4,3% du PIB en, 2019, plus encore en 2021) contribue à aggraver les dérives dépensières du pays et indirectement les déséquilibres externes.

Certes, le nouveau président Jo Biden a inscrit son action dans un autre registre. Mais le programme économique qu'il a commencé à mettre en œuvre, et qui a enthousiasmé certains chroniqueurs français, est-il vraiment à la hauteur ? Que le lecteur relise l'analyse présentée ci-dessus[87] et il verra que le compte n'y est pas. Les Etats-Unis sont maintenant piégés par leurs déséquilibres.

La marche vers la mondialisation n'est pas sans faire penser à un engrenage difficilement réversible. Les adversaires-partenaires des relations ainsi créées sont liés par des liens d'interdépendance. Les mesures de rétorsion contre la Chine (ou l'Allemagne jusqu'en 2020) engendrent des effets en retour négatifs pour l'économie nationale américaine, comme les observateurs ont pu le constater en 2019. La guerre économique « affecte l'activité [des Etats-Unis] par plusieurs canaux. Le renchérissement des

---

[86] J.P. Cabannes, J. Wang, *Excédents chinois et déficits américains, un changement dans les déséquilibres globaux*, Revue d'économie financière, 2011/2, n° 102, pp. 151 à 162, publication : www.cairn.info.

[87] Celle de J.P. Cabannes et J. Wang.

achats à l'étranger conduit les entreprises américaines à subir une hausse du coût de leurs importations et pénalise la consommation et l'investissement, tandis que la hausse des droits de douane chinois obère les exportations. A ces effets directs s'ajoute un choc de confiance lié à l'incertitude générée par les tensions commerciales. Le PIB pourrait perdre 0,5 point de croissance et l'inflation 0,3 point de croissance en plus »[88].

Le centre de gravité de la guérilla a changé. Dans ce cadre, si le président américain a manifestement quelques cartes maîtresses en main que lui confère la puissance économique, financière et monétaire du pays, ses adversaires en possèdent eux aussi quelques-unes, car l'Oncle Sam souffre, on l'a vu, « d'un gros talon d'Achille » généré par les déséquilibres du pays.

Dès les années 1970, avec l'offensive commerciale du Japon, l'industrie américaine a commencé à souffrir de la mondialisation et la situation a empiré par la suite ; nombre de ses secteurs ont mal supporté la concurrence étrangère. Elle en sort globalement affaiblie. Le pays refuse pourtant de réduire son train de vie ; il dépense trop grâce au privilège que lui confère sa monnaie puisqu'il paie ses dépenses avec ses dollars. Ceux-ci n'en constituent pas moins le support des dettes extérieures, autrement dit des créances détenues dans le portefeuille des détenteurs étrangers. Ces dettes ne sont pas remboursables tant que les détenteurs étrangers des dollars en ont besoin[89]. Or, l'offre

---

[88] Direction générale du Trésor « *Conjoncture économique aux Etats-Unis en 2019* », 8/01/2020, www.tresor.economie.gouv.fr.

[89] En fait, au sens strict les dettes en dollars ne sont pas remboursables. Elles l'étaient en or, mais elles ne le sont plus depuis 1971. Alors ? Les détenteurs de dollars ont toujours le pouvoir de s'en débarrasser, mais si des ventes massives déséquilibraient l'équilibre entre l'offre et la demande sur les marchés des changes mondiaux, son cours s'effondrerait provoquant une crise mondiale. Nous n'en sommes pas là, mais le risque plane sur les économies mondialisées.

de dollars sur les marchés extérieurs générée par les déficits américains est manifestement excessive. Si le pays a évité un état de crise c'est parce qu'il bénéficie du soutien intéressé de trois gros créanciers, la Chine, l'Allemagne et le Japon. Subsidiairement, c'est aussi parce que plusieurs économies émergentes sont demanderesses de la monnaie américaine. Mais tout dépend de la volonté de coopération des grands créanciers. Une guerre commerciale risquerait d'être dévastatrice.

Les déséquilibres qui viennent d'être présentés nourrissent les déséquilibres financiers de l'économie américaine. Inversement, ces derniers contribuent à aggraver les dérives de l'économie réelle (en accordant trop facilement des crédits aux divers demandeurs). Il y a là comme un cercle vicieux.

Les marchés financiers traversent certes les frontières nationales et étendent loin leurs tentacules, mais leur épicentre reste aux Etats-Unis. Ces marchés se sont affranchis de la tutelle publique et vivent dangereusement[90]. Répétons-le, les causes financières de la Grande Récession de 2007/2008 n'ont pas été vraiment éliminées comme le souligne parmi d'autres le banquier Jean-Michel Naulot[91]. Les pessimistes n'en finissent pas de tirer la sonnette d'alarme. D'après eux, le monde vit sur les pentes d'un volcan parce que les autorités publiques américaines n'ont

---

[90] Par ex. R. Santenac, *Le cycle des crises financières. Une étude approfondie des causes, des impacts et de la fréquence*, L'Harmattan, 2020.

[91] *Faut-il s'attendre à une crise financière majeure ?*, 15/10/2018, dans le blog www.l-arene-nue.blogspot.com/. Ses thèses sont développées dans l'ouvrage « Eviter l'effondrement. Les politiques nous préparent une catastrophe financière pire que la précédente. », Le Seuil, 2017.

Citons encore l'analyse experte de Georges Ugeux dans *Wall Street à l'assaut de la démocratie*, Odile Jacob, 2021, avec le sous-titre *Alerte à la crise financière qui nous menace.*

pas voulu ou pas pu réformer ces marchés devenus de plus en plus puissants et qui n'arrivent plus à s'autoréguler.

Le capitalisme américain est malade, malade de ses ambitions, de son avidité, de ses suffisances, de ses contradictions. Il n'arrive plus à corriger ses déséquilibres. La mondialisation est partiellement responsable de ce constat, elle a créé un choc de compétitivité que la superpuissance n'a que partiellement absorbé. Le fonctionnement interne de l'économie du pays en a été déséquilibré, même si d'autres facteurs sont venus s'y ajouter. Quant aux pouvoirs publics ils se sont trop souvent privés de leur pouvoir de correction, libéralisme oblige. En définitive, depuis 2008 les déséquilibres internes ou externes n'ont pas été corrigés et au contraire ont poursuivi leur dérive.

Les politiques néolibérales ont laissé la bride sur le cou à ses entreprises mastodontes, elles échappent largement à l'emprise des pouvoirs publics, comme les marchés financiers surpuissants échappent à tout contrôle public. Les puissances privées sont reines. Le président Trump, en dépit de ses gesticulations, a contribué à aggraver le mal américain et son élection en a été un des symptômes. Il est allé trop loin et a été sanctionné par les électeurs mais à une petite majorité seulement. Il est trop tôt pour prédire ce que fera le nouveau président, mais il n'est pas sûr qu'il ait fait un diagnostic à la mesure des causes des problèmes.

Le reste du monde est concerné par cette situation. Les Etats-Unis restent le principal pilier porteur de l'économie mondiale ; toute crise née là-bas ne manquerait pas, une fois de plus, de se propager très rapidement, loin de leurs frontières nationales.

Certains stigmates de cette maladie sont repérables au sein de la population du pays. Il paraît intéressant de rapporter ici une de ses pathologies. Contre toute attente, l'espérance de vie des Américains a cessé d'augmenter depuis 2010 et elle diminue depuis 2014, une exception au sein des membres de l'OCDE. Ce ne sont pas les populations âgées, mais les hommes de 20 à 60 ans qui sont la cause de ce recul. Ils ont perdu 0,3 année d'espérance de vie, celle des femmes stagne[92]. Les populations des classes populaires et de la petite classe moyenne des travailleurs manuels de l'industrie (ou y ayant travaillé) sans diplôme universitaire, âgés entre 45 et 54 ans[93], sont les principales victimes de ce phénomène. Plus que les autres, elles sont atteintes par la mortalité précoce par suicides, overdoses accidentelles de drogue, de médicaments et alcoolisme. En 25 ans, 1990-2015, le nombre des décès au sein de ces groupes a triplé pour atteindre en tout 600 000 victimes ! Les causes économiques de ce mal associées au déclin de nombreux secteurs industriels ont été mises en évidence et révèlent une des faces cachées de la première économie du monde. Ces causes sont aggravées par les défauts du système américain de santé qui ne les protège pas ou si mal.

Le malaise a atteint le pays dans certaines de ses profondeurs. L'écrivain Douglas Kennedy décrit une Amérique « divisée, fracturée, fractionnée, avec des clans qui se détestent. … On a vu apparaître une génération d'ultra-riches, une classe moyenne souffrir et des pauvres de plus en plus pauvres. … C'est la triste réalité de mon pays »[94].

Le président Trump n'est pas à l'origine des problèmes, tout a commencé bien avant son élection ; mais il n'a pas contribué à les résoudre. Le lecteur a pu lire dans les chapitres 3 et 4 précédents des éléments d'explication,

---

[92] *La baisse de l'espérance de vie aux Etats-Unis depuis 2014*, dans Population & Société, 9/2019, n° 57, publication : www.cairn.info.

[93] A. Case (économiste de la santé), A. Deaton, *La Grande Evasion, santé, richesse et origine des inégalités*, pour la traduction française, PUF, 2016/2018.

[94] Ouest-France, Entretien, 25/10/2020.

même s'ils n'épuisent pas un sujet complexe (la mondialisation associée à l'ultralibéralisme). Son successeur risque d'en subir certaines des conséquences sans être capable de corriger les dérives présentées.

Pendant ce temps, la Chine, apparemment venue de nulle part, au terme d'un parcours stupéfiant, est devenue, la seconde puissance économique du monde. Elle ose maintenant défier ouvertement le leader mondial !

Chapitre V

L'ouverture au monde et la naissance de nouveaux pôles de prospérité et de puissance

1. Les succès de la Chine

La mondialisation a ouvert le chemin qui pour la Chine mène vers l'hégémonie mondiale. Elle est, certainement, la principale bénéficiaire de la mondialisation. D'un abaissement à l'autre des droits de douane, les frontières des pays développés sont devenues grandes ouvertes ou presque. Dans ce cadre, les agents économiques, les consommateurs assurément, et encore plus les grandes entreprises mues par d'impérieuses motivations financières, sont demandeurs de prix les plus bas possibles. Or justement, en Chine principalement, les entreprises locales épaulées par les multinationales occidentales[95], acquirent très rapidement la capacité de produire en masse et à des prix défiants toute concurrence des biens demandés par les clients des pays développés. L'économie chinoise est ainsi devenue la championne des exportations destinées à l'ensemble de nos pays développés.

Ces demandes étrangères ont généré le décollage de l'économie du pays puis son développement fulgurant. A la mort du président Mao (1976), l'empire du Milieu, en dépit du communisme, était un des pays pauvres du monde. En quarante ans, le PIB chinois a été multiplié par 37 ![96]. Cette croissance tirée par les exportations s'est faite grâce aux sacrifices des populations (dur et long labeur, faibles

---

[95] Jusque vers la fin de la première décade des années 2000, les capitaux extérieurs, principalement américains, générèrent la majorité des exportations chinoises. Cf. J. Attali, *Demain qui gouvernera le monde ?*, Fayard, 2011.

[96] www.capital.fr, 17/12/2018.

salaires, privations). Leur consommation jusque vers le milieu de la première décade des années 2000 ne représentait que 36% du PIB pendant que les ménages américains « consommaient » 70% du même PIB. Ces derniers dépensaient trop, plus que leur revenu. Les Chinois, par leur épargne, outre le fait qu'ils ont financé les lourds investissements de leur pays ont, jusqu'au début des années 2010, financé la prodigalité des nantis américains notamment. Il était alors possible de soutenir que la consommation des Chinois était trop faible. Nombre analystes y voyaient une faiblesse ; ils soutenaient que cette dépendance à la demande américaine générait « une symbiose perverse »[97]. Cette situation a cependant évolué très rapidement et de façon stupéfiante. Au tournant des années 2010, la volonté de consommer encouragée par les pouvoirs publics s'est affirmée, si bien qu'en 2017 la consommation des ménages représentait plus de 60% du PIB[98]. « En Chine, la consommation est devenue une obsession » remarque Marine Torre[99].

2. La « Chinamérique » au cœur de la mondialisation, prélude à la sino-mondialisation ?

L'admission de la Chine au sein de l'OMC le 11 décembre 2001 est « une date aussi déstructurante pour les équilibres internationaux que le 11 septembre » (de la même année) soutient Sébastien Abis[100]. La Chine est ainsi entrée par la grande porte dans le groupe des pays qui veulent participer à la grande aventure de la mondialisation. Dans une première étape, le pays allait être comme aspiré

---

[97] P. Krugman, *Sortez-nous de cette crise…maintenant !*, Flammarion, 2012.

[98] www.french.china.org.cn, 2018.

[99] www.latribune.fr, 14/05/2018.

[100] *En route pour la sino-mondialisation*, revue Sésame, publication : www.iris-france.org.

par les courants ascendants qui allaient le propulser en tête du groupe des pays émergents, ceci en toute discrétion, en faisant le moins de vagues possibles, en utilisant adroitement les règles du commerce international (euphémisme). Quelques observateurs soutiennent même que l'empire du Milieu, le bien nommé, retrouve une place qu'il avait abandonnée depuis le 18ème siècle. Bref, il est en train de devenir un des piliers de la mondialisation du 21ème siècle.

A ainsi été forgé le concept de « Chinamérique ». La Chine est devenue le partenaire privilégié des Etats-Unis. Les courants commerciaux et financiers se sont multipliés entre les deux pays au détriment des relations avec l'Europe. Depuis la fin des années de la première décade du 21ème siècle, s'est constitué « un champ technologique » (une interdépendance qui lie clients et fournisseurs des deux pays) qui rapproche les deux protagonistes. Les Chinois avec le concours intéressé (et déterminant) des firmes américaines ont approvisionné le marché national de ces dernières en produits bon marché vendus à crédit. Certes, actuellement, les autorités chinoises ne veulent plus prêter davantage à leur client préféré. Il ne faut pas en conclure que les Américains se sont détournés des produits chinois. Les turbulences provoquées par le président Trump n'ont pu défaire à ce jour les liens noués entre les deux puissances. L'engrenage est allé trop loin, il est difficile de revenir en arrière ; et puis, la Chine n'est pas le Japon, il est plus difficile de la punir et de la faire rentrer dans le rang. Ils sont devenus des partenaires incontournables à leur corps défendant.

Au demeurant, les interdépendances du début des années 2 000 ont évolué. Car le lecteur le sait bien maintenant, la Chine n'est plus seulement l'atelier du monde avec sa main-d'œuvre au coût dérisoire, voilà qu'elle commence à pénétrer le champ des technologies récentes ou nouvelles.

Les anciens schémas des théories qui fondaient les échanges mondiaux entre les pays développés et les autres sont mis à mal. (Aux pays développés les produits nouveaux et récents, aux pays peu développés les vieux produits). Chacun devait y trouver son compte, en réalité bien plus les pays les plus puissants, mais il ne fallait pas le dire. C'est ce qu'attendaient ceux-ci, mais rien ne s'est passé comme prévu. Car voilà que par un spectaculaire retournement de la situation, la puissante Amérique est défiée sur son propre terrain. Le « valet » (ou celui que les entreprises considéraient comme tel) pourvoyeur de main-d'œuvre très bon marché au service des intérêts et même de l'avidité du « maître », a constitué une force capable de le défier. Le « valet » a été plus rusé que le maître et ses ressortissants ont déployé un courage et une énergie hors du commun. Servies par de tels salariés, ses entreprises ont été très entreprenantes, très conquérantes, très inventives même, pendant que les firmes américaines étaient, trop souvent, comme éblouies par leurs profits jusqu'à négliger, pour certaines d'entre elles, leurs investissements.

La Chine paraît avoir forcé l'entrée d'une une nouvelle étape de la mondialisation. L'empire du Milieu, bon élève apparemment docile, s'était fait une place dans le monde sans faire de vague. Le voilà qui prend de l'assurance et cherche à marquer son territoire. Aujourd'hui, le prétendant ne cache plus ses ambitions (ses prétentions ?), ni sa force, n'hésitant plus à « montrer ses muscles ». Avec quelques autres pays, le voici animé par la volonté de « tourner la page […] d'un monde dominé par les Occidentaux »[101]. Plus encore peut-être, le président chinois « veut édifier un ordre international qui repose sur les valeurs chinoises »[102].

[101] A, Ekman, sinologue, Le Monde, 4/05/2020.
[102] Même source.

La Chinamérique s'est installée au cœur du paysage géostratégique mondial déplaçant le centre de gravité de la puissance mondiale vers le Pacifique. Les interdépendances économiques et financières entre les deux pays, mondialisation oblige, constituent une réalité difficile à éliminer en dépit de la contre-attaque américaine. La Chine défie hardiment les Etats-Unis ; c'est pour mieux asseoir son emprise sur son espace vital et peut-être plus tard lancer une offensive plus ambitieuse sur des territoires plus étendus.

N'observe-t-on pas le passage de la « Chinamérique » à la « sino-mondialisation » ? C'est la thèse que soutiennent plusieurs bons observateurs de cet environnement. Sébastien Abis[103] dresse un portrait en quelques pages de cette Chine qui cherche à se propulser sur le « toit du monde ». Emmanuel Dubois de Prisque et Sophie Boisseau du Rocher[104] de leur côté ont rédigé un ouvrage entier pour présenter ce nouvel empire du Milieu. Le président Xi Jinping cherche à placer son pays au centre des flux économiques mondiaux et de la géopolitique. Il a commencé à tisser sa toile pour étendre son emprise en commençant par les maillons faibles (pays peu développés ou en développement) avec des têtes de pont jusqu'en Europe. Avec le programme BRI (Beltrand Road Initiative) le pays injecte, dans des circuits qu'il sélectionne, des sommes colossales en investissements extérieurs, deux mille milliards de dollars d'après Sébastien Abis. Il cherche également à modifier à son avantage un système

[103] *En route pour la sino-mondialisation*, a.c. Lire aussi, *Les routes de la soie ne mènent pas où l'on croit*, C. Albagli, op.cit., 2020. Dans un ouvrage qui se distingue par sa qualité, l'auteur présente la dimension stratégique de ces routes. La Chine qui n'est pas encore une puissance mondiale comparable à celle des Etats-Unis fait de ces routes l'instrument de son émergence qui mène vers la sino-mondialisation.

[104] *La Chine e(s)t le monde. Essai sur la sono-mondialisation*, Chen Daoyin, Odile Jacob, 2019.

international (les règles du jeu et les valeurs) largement forgé par l'Occident. De la sorte, le pays « invente ses propres modernités … [s'érige] en grande puissance du monde post-américain. … La sino-mondialisation est en marche »[105]. Le but proclamé par la Chine est de devenir la première puissance en 2040 et de se trouver dominante au cœur du monde développé. « Cette émergence du modèle chinois n'est-elle pas la remise en cause d'un modèle mondial basé sur les valeurs et les principes européens ? N'assiste-t-on pas à la 'déseuropéisation' du monde ? » s'interroge Philippe Aléazard[106].

Après la chute de l'empire soviétique, les Etats-Unis avaient établi leur hégémonie sur le monde dans le cadre de la nouvelle mondialisation imposée par le pays dominant. Cette époque intermédiaire aura été éphémère. La dynamique engendrée par cette mondialisation a propulsé vers les sommets un compétiteur de poids. François Heisbourg, observateur avisé de la scène internationale, l'affirme lui aussi. « Le monde sera probablement bipolaire entre la Chine et les Etats-Unis … [mais] le monde est beaucoup plus compliqué qu'il ne l'était »[107].

Quant à la sino-mondialisation, elle n'est encore qu'un projet, même si les maîtres d'œuvre de l'empire du Milieu sont déjà en train d'en planter les fondations. Dans un monde qui se transforme à grande vitesse, les perspectives sont impressionnantes. Mais les rêves ne sont-ils pas trop grands ? Les dirigeants chinois ne pêchent-ils pas par orgueil ? Actuellement, les Etats-Unis pèsent toujours plus lourds que la Chine et il ne sera pas facile de les supplanter. Revenons-en aux réalités contemporaines dans un monde qui n'est pas encore devenu complètement bipolaire ; le

---

[105] S. Abis, a.c.

[106] L'avis d'un membre du club de présélection du prix Turgot, www.allnews.ch.

[107] Ouest-France, Entretien, 20/06/2020.

pied américain reste le plus puissant. Avant d'engager la sino-mondialisation, il convient de parachever la « Chinamérique », celle que le président Trump suivi par son successeur veulent détricoter ; trop tard probablement, mais la fin d'étape sera rude.

La Chine a gagné une bataille ; elle n'a pas encore gagné la guerre, pour la raison présentée ci-dessus et pour d'autres encore. Pour emprunter une formule qui s'appliqua jadis à la Russie puis à l'Union soviétique, l'empire du Milieu demeure « un géant aux pieds d'argile ».

Pour l'instant, nous n'en sommes qu'au début d'une nouvelle étape d'une compétition au long cours qui va continuer à se jouer entre soleil et nuages et peut-être même un jour sous les orages.

L'Histoire a emprunté un cours qui semblait inimaginable encore au début des années 1980 alors que la mondialisation prenait son essor au grand jour. Les rapports de force sont transformés tandis que des perspectives nouvelles, probablement, s'ouvrent pour le destin de l'humanité, d'excellentes nouvelles, encore que ?

3. La mondialisation et le futur de l'humanité

La révolution industrielle a fini par transformer la vie, mais pendant longtemps au seul bénéfice d'une minorité de la population mondiale. Furent alors classiquement distingués les pays développés et les pays sous-développés pourvoyeurs de matières premières et énergétiques et de produits alimentaires, le plus souvent à bon marché. S'y ajoutaient, mais très subsidiairement, les populations de migrants chargées des tâches souvent les moins gratifiantes. Entre les deux groupes, le fossé n'a cessé de s'élargir en dépit des tentatives plus ou moins heureuses de quelques pays (les pays en voie de développement selon la terminologie de l'époque). Quelques élites contestataires de nos pays, adoptant parfois des postures révolutionnaires, eurent beau voler à leur secours, ce fut essentiellement avec des armes rhétoriques dans l'indifférence intéressée des autres populations, trop occupées à savourer les délices de leur nouvelle aisance.

Les populations des pays sous-développés bénéficièrent néanmoins des progrès médicaux et sanitaires. Les taux de natalité fléchirent à peine, au contraire des taux de mortalité qui connurent des baisses spectaculaires, celles des enfants surtout. S'en est suivi une croissance impressionnante des populations. Dans certains pays, le Mali par exemple, un des plus prolifiques il est vrai, l'âge médian des populations est de seize ans, autrement dit la moitié des habitants est âgée de seize ans ou moins alors que l'espérance de vie dépasse maintenant soixante ans ! Globalement, la moitié des populations des pays pauvres est âgée de moins de 26 ans.

Pendant ce temps, les couples des pays développés ont réussi avec un grand succès à contrôler leur natalité jusqu'à mettre en péril le renouvellement des générations dans un nombre croissant de pays. En 2019, l'Allemagne, pour ne citer qu'elle, a eu un déficit de 201 000 naissances par rapport aux décès (la France un excédent de 141 000). Mais des pays comme le Japon ou même la Chine pourraient également être cités. Ainsi d'un côté, on voit des populations qui croissent à grande vitesse ; en Afrique il suffit de vingt-cinq ou trente ans pour que double la population. De l'autre, les populations des contrées développées n'augmentent presque plus, en tout cas si l'on élimine les soldes migratoires. Jusqu'aux années 1980, coexistaient d'un côté des populations toujours aussi pauvres ou presque, de l'autre des populations dont les revenus continuaient d'augmenter rapidement.

En 1950, la population mondiale était voisine de 2,5 milliards d'habitants. Elle a doublé en quarante ans (1950-1990) et continue de progresser, mais à un rythme freiné, peut-être de 60% entre 1990 et 2030. En valeur absolue elle était évaluée à 7.4 milliards en 2015 et s'approche même maintenant des 8 milliards (peut-être 7,8 milliards en 2020 sur la base d'une estimation.). Elle pourrait atteindre 8,55 milliards en 2030[108].

Le poids des populations des contrées riches dans l'ensemble mondial n'a cessé de diminuer. Les rêves, les envies, mais aussi les ressentiments, les aigreurs, les révoltes, ne pouvaient que progresser, exacerbés par la diffusion des moyens de communications contemporains. Cette situation était malsaine. Elle risquait fort de conduire à un choc de civilisation, quelles qu'en puissent être les modalités et l'échéance encore relativement lointaines.

Le processus de mondialisation a probablement changé la donne. Il a eu le très grand mérite de propager la révolution industrielle très au-delà de ses anciennes limites et a augmenté le nombre des pays effectivement en voie de développement sous le nom d'économies émergentes. Certes ce processus n'est pas pareil à un long fleuve tranquille. Les inégalités augmentent au sein de ces pays y compris en Chine. Sur la base des données réunies dans un rapport piloté par Luca Chancel[109], de 1980 à 2016, en Chine, la part du revenu détenu par le groupe de 10% des contribuables les plus aisés serait passée de 27 à 41%. Dans ce pays néanmoins, globalement, la grande pauvreté recule de façon spectaculaire. En 2015, l'extrême pauvreté ne représentait plus que 10% de la population contre 36% en 1990. En vingt ans (1995-2015), le revenu moyen par habitant franchissant le seuil des 10 000 dollars (données de la Banque mondiale) et a été multiplié par dix ! Une classe moyenne s'est constituée, peut-être 400 millions de

[108] E. Moyau, Statista, 18/07/2019.

[109] De la Paris school économics cité dans un article intéressant signé par F. Bianchi de BFM Business Monde, 14/12/2017.

personnes, « une immense classe moyenne a été créée »[110]. Des représentants de ces classes aisées voyagent un peu partout dans le monde. Quant à leurs enfants, ils étudient beaucoup y compris à l'étranger. Presque toutes les universités françaises accueillent leur contingent. L'Unesco évaluait leur nombre à 928 000 en 2017 en progression de 50% en cinq ans ; ils représentent 2,1% de l'ensemble des étudiants du pays[111].

En dépit des écarts grandissants de revenus, *l'extrême pauvreté* (moins de 1,9 dollar par habitant et par jour) recule de façon assez spectaculaire dans le monde, sauf en Afrique où elle recule bien plus lentement. En 1981, près de la moitié de la population mondiale était victime de *l'extrême pauvreté* (44%) contre 10% en 2015. La zone Asie-Pacifique est la principale bénéficiaire de ce progrès. *La pauvreté* (moins de 3,20 dollars par jour) recule moins rapidement, la moitié des populations en 1990 pour 30% en 2015. Néanmoins la moitié de la population du globe doit vivre avec au plus 5,5 dollars par jour[112]. En 1955, les populations les plus riches réunies au sein des pays du G7 bénéficiaient de 45% du PIB mondial, cette part était ramené à 31% en 2015 ; en 2050, elle ne sera peut-être plus que de 20% du total. Ces données illustrent quelques dimensions significatives des transformations de la condition humaine depuis l'essor de la mondialisation. Il est possible d'y voir les prémisses du déclin de l'Occident. C'est peut-être d'abord le signe d'un rééquilibrage salutaire du processus de création des richesses. Le fossé entre les pays riches et une partie des pays pauvres a cessé

---

[110] F. Heisbourg, Entretien, Ouest-France, 21/06/2020, à propos de son livre *Le temps des prédateurs : la Chine, les Etats-Unis, la Russie et nous*, Odile Jacob, 2020.

[111] La mobilité des étudiants internationaux, Unesco.

[112] Données et seuils de pauvreté ont été établis par la Banque mondiale : par jour, extrême pauvreté, moins de 1,90 dollars, pauvreté, entre 1,90 et 3,20 dollars, revenus faibles, entre 3,20 et 5,50 dollars.

d'augmenter. Mais pour sortir l'ensemble des populations défavorisées de la pauvreté, le chemin reste long à parcourir.

Les difficultés restent nombreuses. Le groupe de pays émergents qui avait le vent en poupe dans la première décade des années 2000, désigné sous le nom de BRICS[113], a connu des fortunes diverses dans la décade suivante, le Brésil surtout à cause de la fragilité de ses « fondations » économiques et sociales. Pourtant, d'autres pays entament leur développement dans le sillage des pays pionniers. L'essaimage se poursuit d'une manière ou d'une autre. Les salaires progressent en Chine et les grands groupes, toujours en quête des coûts les plus faibles possibles, commencent à installer leurs usines dans d'autres contrées. Certains pays en bénéficient et peuvent ainsi entamer leur développement.

Seule l'Afrique paraît rester à l'écart de ce mouvement. L'analyse développée par Sandovoy Adamoh Djelhi-Yaot est pessimiste. « Sur cinquante-quatre pays africains, un seul pays, l'Afrique du Sud, a atteint l'émergence économique »[114] constate l'auteur. Les autres pays, pour un ensemble de raisons qu'il expose, ne décollent pas vraiment, ils restent enfermés dans leur sous-développement. L'analyste soutient pourtant que celui-ci n'est pas une fatalité, l'Afrique aussi pourra sortir de cette malédiction. L'auteur explique comment dans son ouvrage. En marge de cet essai, il paraît possible d'ajouter qu'en attendant, l'Afrique ne manquera pas de poser des problèmes, aux Européens principalement ; ce vaste continent en somme est à nos portes ! Jean Boissonnat rappelait qu'au milieu du 20ème siècle, l'Afrique comptait 220 millions d'habitants ; elle dépassait le milliard au début

113 Brésil, Russie, Chine, Inde, Afrique du Sud.

114 *Croissance économique sans développement en Afrique*, L'Harmattan, 2019.

du 21ème siècle. Sur la base des estimations des démographes, elle pourrait atteindre 2 milliards en 2050, soit une multiplication par dix en cent ans ! Pendant le même temps, la population européenne n'augmenterait que de la moitié.[115]

Certes, l'entrée dans le groupe des pays développés ou en développement entraîne et entraînera de nouvelles difficultés qu'il ne faut pas sous-estimer. L'économie est devenue la principale source de puissance, laissant derrière elle la puissance militaire fondée sur d'autres facteurs. Il serait illusoire néanmoins de nourrir de faux espoirs. Au 21ème siècle, la puissance militaire reste l'indéfectible compagne de la puissance économique ; l'une ne va pas sans l'autre. Ainsi la Chine cherche-t-elle à consolider son statut de puissance à l'échelon régional, dans un premier temps ; le conforter passe par le renforcement d'une force militaire, ce qui peut générer des tensions ou même des risques nouveaux de guerre.

Ailleurs dans le monde, les sources de tension sont nombreuses. Les rivalités entre l'Inde et le Pakistan ne seront pas gommées par le renforcement de la puissance économique de la première. Et que dire de la poudrière du Proche-Orient ? Ce ne sont là que quelques exemples.

Le poids relatif de la puissance et du pouvoir mondial des Etats-Unis, qui restent considérables, risquent fort d'aller en diminuant. Ils ne pourront plus jouer à eux seuls, ou presque, le rôle de gendarme de la planète. Le monde de demain sera forcément compliqué, dangereux, très dangereux même.

Maria Négréponti-Délivanis[116] analyse de son côté les causes du déclin occidental et pense que la grande

---

[115] J. Boissonnat, Europe-Afrique, défi du 21ème siècle, Ouest-France, 27/04/2015.

[116] *La fin de la domination économique de l'Occident. Et l'invasion orientale*, L'Harmattan, 2020.

confrontation commerciale entre les Etats-Unis et la Chine, maintenant bien engagée, ne pourra que déboucher sur une troisième guerre mondiale. Je ne partage pas son pessimisme, bien que le risque de la survenance d'un tel scénario ne puisse pas être complètement écarté. La guerre mondiale (?), plusieurs chroniqueurs en ont présenté l'éventualité, sans qu'en soit toujours précisée la nature. Présentement, une guerre mondiale fait rage, mais elle est de nature économique et l'enjeu n'en est pas moins la conquête du leadership mondial[117].

L'humanité joue son avenir. L'Histoire n'est sans doute pas écrite par avance. Les « jeux » ne sont pas faits. Grâce à la mondialisation, la partie n'est pas perdue, mais elle est loin d'être gagnée.

Le philosophe australien Toby Ord est chercheur à l'Institut du futur de l'humanité de la prestigieuse université d'Oxford. En 2020, il a publié « The Precipice »[118], ouvrage qui investit le champ fort périlleux de la prospective. Il paraît néanmoins intéressant de lui accorder quelques instants d'attention, car ses réflexions sont d'un niveau bien supérieur à celles des « collapsologues » qui se sont multipliées et qui tentent d'accaparer l'attention de l'opinion publique française en pleine dépression en cette fin de la deuxième décade du 21ème siècle. « L'homme a une longue histoire des maladies utilisées comme armes » rappelle le prospectiviste ; mais, les nouvelles générations d'armes biologiques sont bien plus redoutables que celles qui ont été expérimentées par le passé. Dans cette galerie macabre, se cache toujours, à peine, l'arsenal atomique,

---

[117] B. Tertrais, chercheur spécialiste de l'analyse géopolitique, effectue une synthèse critique intéressante de la littérature en la matière. Il conclut qu'à l'échelle mondiale *Les conflits sont désormais moins fréquents*. Leur nombre a nettement diminué depuis 1946, le nombre de victimes aussi. *La guerre n'est plus un mode normal des relations entre Etats*, L'Express, 7/01/2021.

[118] Bloosbury, 2020.

soigneusement entretenu par un club fermé de belligérants. Les candidats à l'entrée dans ce club piaffent d'impatience et tentent d'en forcer la porte ; la bombe atomique, toujours elle, l'opinion publique aurait presque fini par l'oublier. Tous ces instruments de mort projettent leur ombre menaçante sur l'avenir de l'humanité qui « a un risque sur six de disparaître durant ce siècle. … Ce qui laisse quand même une bonne probabilité pour que nous soyons encore là »[119].

L'opinion publique est accaparée, subjuguée même, par la problématique du réchauffement climatique. La logorrhée qui envahit nombre de médias n'éclipse-t-elle pas les véritables enjeux et menaces qui pèsent sur l'avenir de l'humanité ? En substance, c'est la thèse du professeur Toby Ord. Il est probable que la sécurité de notre avenir passera d'abord par la maîtrise des processus équilibrés et paisibles de développement des pays du monde. Avec la marche de la mondialisation déjà bien amorcée et qui va poursuivre ses avancées, une occasion est donnée de consolider les fondations qui mènent vers un devenir pacifié, l'espoir d'une rédemption apparaît au bout du chemin. Mais l'on voit bien aussi que les forces belliqueuses sont loin d'avoir désarmé, entretenues ou renforcées même par le développement économique et ses inégalités ; rien donc n'est encore gagné, à loin près. Le cauchemar pourrait réapparaître au détour du chemin.

Cette échappée dans le long terme (quand nous serons tous morts) nous éloigne de perspectives moins lointaines. Dans la mouvance de la partie de bras de fer entre les deux géants, chacun peut observer le déplacement du centre de gravité du monde vers le Pacifique jusqu'à rejoindre l'Asie au préjudice de l'Europe, mais laquelle ? L'Union européenne n'est encore qu'un rassemblement très

---

[119] Toby Ord, entretien dans L'Express, 2/04/2020, présentation de son dernier livre, *The Precipice*, Bloomsbury Libri, 2020.

imparfait, un conglomérat hétérogène de pays. Dans la marche (aveugle ?) de l'Histoire, le monde pourrait avoir besoin d'un contrepoids, d'un pôle européen, vérité inéliminable des partisans d'une Europe unie.

Mais voilà, la mondialisation avec ses rebonds souvent imprévisibles qui a propulsé la Chine vers les sommets, a contribué à l'inverse à déchirer l'Europe et celle-ci risque d'en rester ébranlée pour longtemps. Dans le combat de titans auquel nous assistons depuis au moins quarante ans, l'Union européenne, à défaut d'être broyée, en sort néanmoins bien divisée et bien affaiblie. C'est ce qui va être développé dans le chapitre suivant.

Chapitre VI

L'Union européenne victime collatérale de la mondialisation

La Communauté économique européenne est née pendant que se mettaient en place, dans l'espace occidental, les bases du libre-échange. Mais notre Union, encore habitée par les fantômes de son passé, avait des ambitions et objectifs différenciés. Elle n'en fut pas moins entraînée dans la mouvance de la mondialisation américaine. Pire, cette dernière allait sinon créer, en tout cas nettement aggraver, les fractures européennes qui plombent aujourd'hui la vie de l'Union en dépit des élans du cœur.

1. Des objectifs ambitieux, quelques succès, beaucoup d'échecs

Les deux guerres mondiales, qui ont ravagé les espaces européens et traumatisé les peuples, ont fortement contribué à faire naître ou à renforcer les motivations en faveur d'un espace commun pacifié, capable de promouvoir la sécurité et le bien-être de ses citoyens. De son côté, la bipolarisation du monde développé, héritage de la Seconde Guerre mondiale, partagée entre deux blocs rivaux, l'Est et l'Ouest, engagés dans une implacable – et mortelle – compétition, favorisa la naissance puis le développement de la nouvelle entité. Notre Europe, « de l'Ouest » jusqu'à la fin des années 1980, était coincée entre les deux empires américain et soviétique et ce dernier campait aux portes de la nouvelle Communauté, une raison supplémentaire pour resserrer les rangs. La coopération l'emporta sur les anciennes pratiques diplomatiques[120] et les interdépendances furent au contraire

[120] D. Placidi présente ces nouvelles pratiques dans *La transformation des pratiques diplomatiques nationales*, www.cairn.info.

mises en avant, nouveau ciment des relations entre les peuples, avec un succès inégal il est vrai.

Les années ont passé, mais « aujourd'hui encore la volonté d'éloigner la guerre et ses malheurs continue d'imprégner les esprits de nombre de partisans d'une Europe unie. Pour ceux-ci, le projet d'union prend ainsi la dimension d'une adhésion forte et même quasiment sacrée »[121].

Dès l'origine, en 1957, les six signataires avaient l'ambition de constituer une association capable de dépasser le cadre d'une simple zone de libre-échange.[122]. Il avait l'objectif de rapprocher les peuples et les économies dans l'intérêt commun et le renforcement de relations pacifiques.

C'est ce que rappelle le traité de Maastricht (article 1-3). Dans cette perspective a été conçu un projet économique fédérateur. L'ambition était d'atteindre une étape supplémentaire de coopération entre les pays membres en poursuivant l'approfondissement de l'œuvre déjà entamée. Le traité annonçait « l'instauration d'une politique économique fondée sur l'étroite coordination des politiques économiques des Etats membres[123] ». Cette volonté marquait le début d'une étape intermédiaire devant aboutir à la constitution d'un seul grand corps économique homogène intégrant tous les pays membres pour mettre fin définitivement aux querelles dévastatrices. Cette nouvelle entité devait constituer un ensemble plus complémentaire que concurrent de son grand protecteur américain. Notre Communauté partageait avec ce dernier les mêmes grandes

---

[121] A. Valleray, p. 125, 2017.

[122] Traités de Rome du 25/03/1957, Acte final, Première partie : *Les principes*, article 2.

[123] D. Broussolle, *La métamorphose du statut de concurrence dans les traités européens*, Bulletin de l'Observatoire des Politiques économiques en Europe, n° 24, été 2011.

valeurs humaines et économiques et s'inscrivait dans le grand mouvement de libération des échanges économiques promu par le leader américain.

« Jusqu'aux chocs pétroliers des années 1970, la Communauté économique européenne avec ses pays membres progressa effectivement dans la réalisation des buts proclamés. … Mais c'est justement lorsque les responsables du Marché commun qui allait devenir l'Union européenne voulurent franchir une étape décisive que la belle mécanique parut se détraquer. La mondialisation, certes en gestation dans la période antérieure, commença à afficher son visage avant de prendre son nom. La mondialisation américaine et l'Union européenne croisèrent alors leurs chemins et leurs ambitions. En première analyse les forces économiques mises en mouvement à partir de ces deux grands pôles de développement auraient pu ajouter leurs bienfaits. En réalité pour l'Europe, ce fut le début des dérèglements et la multiplication des déboires. Les objectifs proclamés à grand renfort de communication ne furent plus jamais atteints »[124], que ce soit en matière de croissance économique, de promotion du plein emploi et surtout de rapprochement des économies et des Etats. Bref, la perspective de fondation d'un ensemble européen dépassant les nationalités et les nationalismes s'éloignait.

Les concepteurs avaient cru que les différences nationales pouvaient être aisément résorbées grâce à des règles et incitations appropriées. Manifestement, les différences nationales (handicaps et autres vulnérabilités pour les uns, forces supérieures pour quelques autres) ont des racines bien plus profondes que cela. La recherche de la **convergence**[125] devait être un des grands chantiers de

---

[124] A. Valleray, p. 16 et 17, 2017.

[125] Un certain nombre de critères permettent de présenter dans les grandes lignes cette convergence. Sans être exhaustif, citons le

l'Union européenne post-Maastricht. Ce fut un de ses échecs retentissants. Les économies, au lieu de se rapprocher, ce sont au contraire éloignées dans leur fonctionnement (elles ont divergé) ; en même temps s'affichaient des intérêts nationaux en contradiction avec le but recherché. La convergence n'était qu'un rêve ; avec elle la perspective fédérale que caressaient quelques-uns s'est éloignée et sans doute pour assez longtemps. Les raisons de l'échec sont diverses.

Les unes sont internes à l'ensemble. Christian Makarian[126] synthétise assez bien les faiblesses institutionnelles de l'Union européenne. « Une monnaie commune sans gouvernement économique, un marché intérieur sans harmonisation fiscale, une liberté de circulation des personnes sans protection des frontières de l'Union, une ambition diplomatique sans armée continentale… ». Comme si cela ne suffisait pas, viennent s'ajouter les erreurs de politique économique que Martin Wolf dénonçait dès 2012 ; la lucidité de son analyse peut être soulignée. Tout se passe, expliquait-t-il, comme si les responsables de l'Union sous influence allemande (déjà) voulaient freiner sa marche en avant sociale en pesant sur les hausses de salaires, en favorisant la déflation, et, en définitive, en provoquant « le ralentissement économique prolongé. Cela est-il viable… ? … [Non] car, à part la

---

rapprochement des taux d'intérêt, des taux d'inflation, le rapprochement des productivités nationales, les réductions des inégalités de revenus des agents économiques, mais aussi des régions notamment, le rapprochement des cycles économiques avec des phases communes de prospérité et de repli économique, bref l'élimination des faiblesses nationales donnant à toutes les économies la capacité de préserver un tissu économique sain et le plein emploi et d'équilibrer leurs comptes extérieurs. L'Union européenne a défini les critères de convergence qu'elle souhaitait privilégier (article 140 paragraphe 1 du traité sur le fonctionnement de l'Union européenne).

[126] La Chronique, L'Express, 24/02/2016.

rigueur budgétaire, l'Union monétaire européenne n'a aucun projet crédible permettant de remédier à ces défauts. … Au lieu de cela, on s'entête dans un pacte de croissance et de stabilité dont l'échec est prévisible et répété »[127].

Mais ce sont les causes extérieures à la jeune entité qui paraissent être les plus déterminantes. La puissante vague générée par la mondialisation a été trop puissante, la jeune et fragile organisation n'a pas eu l'homogénéité la robustesse ni la volonté qui lui auraient permis de sortir indemne de ce tsunami.

2. La mondialisation et les fractures européennes

L'ensemble européen est fragile. Pourtant, sous l'influence de dogmes nés de l'application aveugle des théories du libre-échange, l'Union a paru se laisser bercer par des idéaux qui n'étaient pas à la mesure du nouveau monde qui se mettait en place. Ses responsables parurent ne pas avoir compris quelle était la vraie mesure de la mondialisation.

Alors les critiques fusent. « La tortue européenne nage sans carapace dans la mer en prétendant que les requins sont des poissons rouges » notait, railleur, C. Saint-Etienne[128] en 2011. « Tant que l'Union économique et monétaire continuera de rester le dindon de la planète, elle s'enfoncera dans une crise de plus en plus grave et de plus en plus insoluble » renchérissait de son côté A. Brunet[129]. Plus récemment, Hubert Védrine ajoutait son propre couplet. « Donc l'urgence absolue, c'est que les Européens se réveillent, s'aperçoivent qu'ils ne peuvent pas continuer

---

[127] M. Wolf, *En route vers la récession*, Le Monde de l'économie, 20/12/2012, un titre évocateur et prémonitoire.

[128] *La fin de l'euro*, François Bourin Editeur, P. 87/88, 2011.

[129] Antoine Brunet est président d'AB marché, extrait d'un article publié dans le Monde du 8/11/2011. Auteur de *La visée impérialiste de la Chine*, L'Harmattan, 2011.

simplement d'être de gentils boy-scouts du système international… [et] de jouer aux « bisounours » dans Jurassic Park »[130]. « Naïveté, lâcheté même, s'emporte à nouveau Christian Saint-Etienne. Contrairement à la Chine et aux Etats-Unis, l'Europe a été le seul acteur mondial à ne pas être stratège, puisque dominé par la règle de la concurrence inscrite dans le traité de Rome de mars 1957 »[131][132]. Une prise de conscience nouvelle émerge peut-être mais inégalement partagée. Le temps de la naïveté est terminé n'hésita pas à proclamer à plusieurs reprises, parmi quelques autres personnalités, le président Emmanuel Macron en 2019.

Mais cela fait longtemps que les firmes de tous les pays de l'Union sont plongées sans ménagement dans le grand bain mondial. Les groupes de pays se défendent ou contre-attaquent en ordre dispersés, tentés même par le chacun pour soi. Effectivement, les pays les plus entreprenants d'Europe ont développé leur propre stratégie, mais dans une perspective nationale et pour servir prioritairement leurs intérêts.

Ces réactions ont eu des effets ravageurs sur la vie de l'Union. C'est que celle-ci est composée d'Etats fort différents les uns des autres, des partenaires-rivaux qui entretiennent des relations compliquées. L'Union est un espace économique hétérogène du nord au sud, et de l'est et à l'ouest[133]. En son cœur, l'Allemagne se distingue par la

---

130 Ancien ministre des Affaires étrangères. Entretien, Ouest-France, 25-26/07/2020.

131 C. Saint-Etienne cité par l'Express, 7/05/2020.

132 Voir aussi, « *L'industrie a-t-elle besoin de l'Union européenne ?* », OFCE, Policy brief, n°54, 14/05/2019, compte-rendu d'une conférence-débat organisée sur ce thème.

133 *L'Europe, une fracture à retardement*, V. Delteil, X. Richet, L'Harmattan, 2019. Les auteurs présentent un bilan exhaustif de l'ensemble européen et de ses groupes de pays partenaires à la fin des années 2010.

cohésion de ses partenaires économiques (entreprises, entités financières, Etat, citoyens), la puissance de son industrie fondée sur la maîtrise de technologies très performantes[134], une organisation très rigoureuse, une image de qualité haut de gamme diffusée dans le monde entier. Les prix de leurs produits sont relativement élevés (la qualité se paie) mais ils ont fait de sérieux efforts pour les adapter. Ils ont porté leurs fruits. Ils sont compétitifs, car leurs produits se distinguent par des qualités différenciées qui les rendent plus attractifs ; les entreprises germaniques à qualités égales ont peu de concurrents. Ne fait pas de la qualité supérieure qui veut, elles ont gagné la concurrence par la qualité.

Autour d'elles, les économies de plusieurs pays nettement plus petits, ceux du nord, ont aussi réussi à trouver leur place sur les marchés mondiaux pour des raisons voisines sur des segments différenciés et moins nombreux. Plusieurs des pays de l'est européen transfuges de feu l'Union soviétique trouvent leur avantage compétitif grâce, outre leur position géographique, à une main-d'œuvre bien formée et la modicité de leurs salaires. Ces avantages attirent les entreprises d'autres pays de la zone. Les firmes allemandes ont ouvert la voie, tant et si bien que quelques-uns de ces pays (Pologne, Tchéquie…) sont devenus des bases arrière de leur industrie. Mais les concurrents d'autres pays accoururent à leur tour et nombre d'entreprises de l'Ouest européen y installent centres de production et sous-traitants[135]. Ce vaste réseau contribue au maintien de prix concurrentiels des entreprises concernées.

---

[134] Des analystes et chroniqueurs français se consolent en soutenant que les Allemands négligent les technologies les plus en pointe autour du numérique notamment.

[135] Dossier du Figaro, *L'Europe en chantier* dont *30 ans après la chute du mur de Berlin, où en sont les économies du bloc de l'Est qui ont intégré l'Union européenne ?*, J.B. de la Torre, www.lefigaro.fr, 9/11/2019.

Quant au potentiel compétitif germanique, il en sort nettement renforcé.

Par contre, un certain nombre d'autres partenaires, les pays de l'Europe du Sud, on s'en est encore mieux aperçu postérieurement, ne font pas le poids. Revenons-en à la France. Pour aller au plus simple, les entreprises françaises, même s'il existe de flatteuses exceptions, vendent des produits de « milieu de gamme » très exposés à la concurrence internationale par les prix[136]. Or, sur les marchés devenus mondiaux, la concurrence fondée sur des bas salaires joue à plein, ce qui a rendu intenable la situation de nombre d'entreprises hexagonales. Des pans entiers de l'industrie, incapables de soutenir cette concurrence, se sont effondrés[137]. Des entreprises nationales font ce qu'elles peuvent ; pour survivre ou mieux pour prospérer, elles continuent à externaliser massivement leurs activités par exemple vers l'est européen ou les pays du Maghreb, sans oublier des pays comme la Chine, en affaiblissant davantage notre économie. L'industrie automobile, un des anciens fleurons de notre industrie, n'échappe pas au mouvement. Renault, ancienne propriété de l'Etat français (il détient toujours une participation minoritaire), a pu employer plus de 100 000 salariés dans l'hexagone dans les années 1980 ; aujourd'hui cet effectif est tombé à 40 000 !

« A l'époque déjà, les Français n'avaient pas bien compris que le mode de fonctionnement de l'économie

---

[136] Les experts expliquent que les firmes ont deux choix stratégiques de base : se distinguer par des qualités supérieures (sur la base d'innovations, et/ou maîtrise de qualités) ou se distinguer par des prix attractifs plus bas que ceux des concurrents. L'Allemagne a choisi la première option, La France trop souvent, avec son économie aux salaires élevés, ne pouvait pas choisir la seconde et se retrouve en porte-à-faux.

[137] Développé dans le chap. 9 ci-après, *La descente aux enfers de l'industrie française*.

allemande était très exactement l'inverse du leur »[138]. Soulignons en passant que la majorité des analystes et chroniqueurs français, sans oublier les responsables politiques, ne veulent pas mettre notre pays dans le groupe des pays du Sud, certainement à cause du couple franco-allemand. C'est une erreur de perspective dommageable. Même si c'est à son corps défendant, la France, dans une perspective géopolitique, est au cœur de l'Europe du sud.

La réalité économique des pays européens n'entre plus dans aucun des schémas théoriques préalablement développés parce que la mondialisation qui transforme à grand vitesse les économies du monde en développement ne ressemble à aucune des périodes antérieures de libération des échanges.

Au cœur de cet environnement mondialisé trônent les Etats-Unis. Ceux-ci n'aiment pas les rivaux qui tentent de porter atteinte à leur supériorité. Le Japon a payé très cher ses ambitions et les incursions de ses entreprises sur les marchés américains. La montée en puissance de l'Union européenne ne pouvait qu'agacer le grand protecteur. Celui-ci, indubitablement, en contrepartie de sa protection, entend maintenir la nouvelle Communauté dans un certain état de vassalité. Pourtant, ce ne fut pas l'Oncle Sam qui porta les coups les plus sévères au nouveau prétendant du Vieux Continent, mais les forces des marchés mondiaux mues par les mastodontes du capitalisme contemporain qui entraînent dans leur sillage nombre d'entreprises de moindre envergure, celles qui ne veulent pas faire naufrage.

Les entreprises géantes se sont engagées dans une lutte féroce pour augmenter leur rentabilité, envahir les marchés

---

[138] J.M. Quatrepoint, *Le choc des empires*, Gallimard, 2014.

du monde entier et renforcer leur puissance[139] grâce à des coûts les plus faibles possible. Sur ce théâtre, les économies européennes allaient être bousculées par un tsunami économique sans équivalent dans l'histoire contemporaine, si l'on excepte les grandes crises économiques. Or, les firmes des différents pays de l'Union sont de forces très inégales. La « naïveté » européenne a été une erreur de lecture de la mondialisation, encouragée par une interprétation trop radicale des théories des avantages comparatifs. Mais cette interprétation arrangeait bien plusieurs des membres qui ont poussé en ce sens, parce qu'ils étaient capables de faire face.

Les théories des avantages comparatifs ne sont pas adaptées à cette situation. « En bouleversant la division internationale du travail et en grossissant la force de travail mondiale avec son armée de réserve à bas coûts, la Chine est devenue l'atelier du monde et ses prix, les prix directeurs des biens manufacturés en Occident »[140] expliquaient en 2008 deux analystes du CEPII en conclusion d'un état des lieux de l'économie mondiale de la première décade du 21ème siècle. Fut ainsi enclenchée puis mise en mouvement une mécanique implacable. Dans cet environnement déstabilisant, l'Union européenne n'essaya pas de protéger ses industries des plus faibles contre les effets dévastateurs de la concurrence[141]. L'avis

---

[139] La course à la rentabilité aussi élevée que possible est, rappelons-le, un moteur tout aussi puissant que la conquête des marchés mondiaux.

[140] I. Doun, J. Couppey-Soubeyran, CEPII, 2008, *Carnets graphiques, l'économie mondiale dévoile ses courbes*, www.cepii.fr.

[141] Parmi d'autres contributions, celle de l'OFCE (Policy brief n° 54, 14/05/2019, *L'industrie a-t-elle besoin de l'Union européenne ?*. Celle-ci ne s'est que trop peu intéressée à la vie de ses entreprises, les entreprises éventuellement encouragées par leurs pouvoirs publics se sont débrouillées seules, quelquefois très bien ; mais d'autres comme en France ont trop souvent été victimes des chocs de compétition.

du professeur Marc Humbert est plus tranché que celui de beaucoup d'analystes. « Le libre-échange non régulé, prôné par l'OMC et l'Union européenne est pour nous suicidaire »[142]. L'industrie française a été dévastée et la coopération entre les pays membres a été ébranlée.

Pour constituer un front commun, les pays de l'Union restaient trop dissemblables dans leurs économies. Les enjeux et intérêts, associés aux forces et aux faiblesses des protagonistes, sont bien trop différents d'un pays à l'autre. Cette hétérogénéité, dans le cadre mondial contemporain, avec ses menaces mortelles mais aussi avec ses perspectives de croissance et autres opportunités offertes aux plus doués, a grandement favorisé l'affirmation des intérêts nationaux des meilleurs et fait naître ou approfondir des fractures européennes.

Cette situation, dans ce cadre mondial générant de grandes compétitions, a engendré ce qui a pu s'apparenter à un « sauve qui peut » associé à un chacun pour soi. Les uns ont cherché à profiter des formidables opportunités à la mesure de leurs forces ; les autres, les plus faibles, ont cherché à défendre ce qui pouvait l'être, mais sans espoir de bénéficier de la collaboration des premiers. Les plus doués ont donc eu l'opportunité de mener leur politique industrielle propre en s'appuyant sur les forces de leurs entreprises. Les autres, ceux du Sud surtout, n'ont guère fait mieux que subir la pression concurrentielle devenue mondiale sans savoir comment réagir, déstabilisés par la violence du choc compétitif.

A la tête des pays européens capables d'affronter la concurrence mondiale, l'Allemagne a su renforcer son potentiel industriel et tirer de grands avantages de la situation. Notre partenaire préféré, conscient de sa

---

142 *Alsthom à Belfort, enjeu d'une bataille mondiale*, Ouest-France du 28/09/2016. L'auteur est professeur d'économie à l'université de Rennes 1.

supériorité, a mis en place une politique largement inspirée par ses intérêts nationaux et dont l'objectif est de renforcer sa puissance en Europe et dans le monde. Dès lors, la progression de l'industrie germanique allait être spectaculaire, même si ce fut au prix de sacrifices acceptés par les citoyens du pays en termes de pouvoir d'achat (un remarquable consensus des populations en dépit de quelques grincements de dents). Le pays bénéficie pleinement du cadre européen et de l'euro qui lui procurent un avantage supplémentaire appréciable. De surcroît, il a une stratégie claire qu'il applique avec détermination et une grande habileté, contrairement à l'Union européenne. C'est ainsi que les pays du Nord autour de l'Allemagne taillèrent des croupières dans le tissu industriel d'un certain nombre de partenaires aux Etats-Unis mais tout autant dans plusieurs pays européens. Pour des économies comme la France, la Chine allait faire le reste.

Les entreprises germaniques ont en point de mire les marchés du monde entier. C'est le seul grand pays occidental (en compagnie de pays plus petits) qui a pu contrebalancer avantageusement la concurrence des pays émergents, Chine en tête, par la vente de produits de technologie avancée. Il n'y a qu'à examiner la géographie des échanges industriels de l'Allemagne avec ses principaux pays clients pour s'apercevoir à quel point leurs entreprises ne pouvaient qu'être aspirées par « le grand large » américain et chinois. Le grand envol de l'économie allemande n'aurait pas été possible sans la mondialisation. Elle a bénéficié en complément de sa supériorité sur de nombreux marchés européens affaiblis eux par cette mondialisation. Un moment freiné par les efforts d'intégration de l'ancienne Allemagne de l'Est, cet envol a repris de plus belle, juste après l'an 2000.

Quant à la France, officiellement le partenaire majeur, elle a été tellement prise au dépourvu, empêtrée dans ses

faiblesses, prise dans l'étau des règles européennes et le carcan de l'euro, qu'elle a été comme tétanisée par la situation tellement différente des conditions de fonctionnement de l'économie des Trente Glorieuses.
La fracture européenne est ainsi apparue au grand jour ; l'hétérogénéité de l'Union s'en est ainsi trouvée grandement renforcée et les intérêts nationaux confortés.

Le livre de J.M. Quatrepoint[143] est un des ouvrages majeurs pour comprendre l'évolution contemporaine. Il a émergé du bruit médiatique mais sans occuper la place qui aurait dû être la sienne, car ses analyses sont trop à contre-courant des conceptions dominantes et des rêves français. Une part importante de son exposé est consacrée à la montée en puissance de l'Allemagne. Parcourir le plan de l'exposé est déjà instructif. Son chapitre 10 est intitulé « Le retour de la grande Allemagne », le chapitre 11 « L'euro, c'est le mark », le chapitre 12 « Contrôler l'Europe tout en gardant les mains libres ».

L'auteur explique comment le pays a mené à bien sa stratégie nationale de croissance des exportations. Dans un premier temps, au début des années 2000, les entreprises germaniques ont conquis des parts de marchés principalement en Europe. Puis, elles se sont tournées prioritairement vers les Etats-Unis et la Chine. Ce redéploiement vers des marchés extérieurs à l'Europe a permis de diminuer la dépendance de leurs industries à l'égard de la zone plombée par la rigueur économique depuis les débuts des années 2000 et plus encore depuis 2008. Cela a été fait bien entendu sur des bases nationales en profitant au maximum à la fois des règles du jeu de l'Union européenne et des opportunités offertes par la mondialisation. Les industries allemandes ont ainsi été renforcées dans leurs domaines de prédilection telles que les machines-outils, la chimie, l'automobile, ou même

143 *Le choc des empires*, Gallimard, 2014.

l'électroménager tout en se déployant dans des domaines relativement nouveaux pour elles. « Lentement, discrètement, mais sûrement, l'Allemagne est devenue un des principaux exportateurs d'armes derrière les Etats-Unis et la Russie »[144]. Ses entreprises se sont aussi affirmées dans l'aviation civile et même l'agroalimentaire ; dans ces secteurs, le pays gagne la compétition avec l'économie française. A chaque fois, les Allemands jouent dans l'intérêt exclusif de leur économie. « Le rouleau compresseur allemand est à l'œuvre »[145].

Dès 2015, Éric Tandonnet, dans le Figaro, a pu observer « *L'impasse d'une Europe sous domination allemande* »[146]. La crise mondiale de 2008/2009 a accéléré un processus déjà entamé. « En sept ans, poursuit-il, le basculement de l'Europe sous l'emprise de l'Allemagne, fondé sur sa réussite économique et industrielle, a connu une impressionnante accélération ». Jusqu'au milieu de la première décennie des années 2000 au moins, le pouvoir était encore largement partagé sur le continent, « la France représentait à cette époque un véritable contrepoids et une source d'influence majeure ». Cette influence, la France l'a perdue depuis au bénéfice de son puissant partenaire et les institutions européennes n'offrent pas de véritable contrepoids soutient l'analyste.

Pendant ce temps-là, l'industrie française s'effondrait[147]. La différence entre les deux pays est saisissante. L'économie française, même s'il ne lui est pas possible de s'extraire de son environnement européen et mondial, aurait eu besoin « d'amortisseurs ». Pour notre partenaire, au

---

[144] J.M. Quatrepoint, op.cit., p. 204, 2014.

[145] Ibid, p. 205, 2014.

[146] Titre de l'article d'Eric Tandonnet, www.lefigaro.fr, 8/07/2015. L'auteur est un haut fonctionnaire, ancien conseiller du président Sarkozy ; il a ainsi bénéficié d'un poste d'observation privilégié.

[147] Chapitre IX ci-après.

contraire, des protections auraient été contraires à ses intérêts. Dans ces conditions, le rapprochement entre les économies européennes dans le contexte mondial est un objectif impossible à atteindre. Dans un environnement plus paisible qui n'aurait pas été marqué par les bouleversements que l'on connaît, l'économie française aurait peut-être pu tirer son épingle du jeu. Mais la mondialisation nous a plongé dans un autre cadre et les règles du jeu européen ont été proclamées juste à ce moment-là ; elles allaient rendre impossible la mise en œuvre des objectifs affichés. Quant à l'euro, il allait devenir « une prison dorée » pour reprendre la judicieuse formulation de l'économiste Daniel Cohen[148]. Pour cette raison, toute possibilité pour les plus faibles d'organiser des lignes de défense devenait alors impossible. Pour des pays comme la France, l'euro a constitué un handicap de taille.

La mondialisation a ainsi déchiré l'Union européenne au lieu de l'unir. Ce constat que la plupart des observateurs paraissent nier, le plus souvent à cause d'une foi aveugle dans une Europe mythique, plombe et probablement pour longtemps une construction européenne heureuse.

La compétition mondiale a profondément changé la géographie économique et politique européenne. L'économie allemande, déjà dominante au début des années 2000, est devenue surpuissante, si bien que se dessine « Une Europe allemande et transatlantique »[149]. Incontestablement, la France, officiellement la deuxième économie de l'Union, ne fait plus le poids. Peut-on pour autant soutenir que notre pays est devenu un des vassaux de son puissant voisin comme le soutient Emile Jalley ? L'auteur, dans son ouvrage de 2019, après un examen critique des théories économiques contemporaines, termine

[148] *Homo economicus, prophète égaré des temps nouveaux*, Albin Michel, 2012.

[149] J.M. Quatrepoint, 2014, op.cit., p.216 à 221.

par un dernier chapitre consacré aux relations franco-allemandes. Il annonce son opinion sans ambages dans le titre « Etude de la relation effective de vassalité de la France à l'égard de l'empire européen de l'Allemagne »[150]. Le ton est donné, sévère, brutal même.

Le diagnostic de Guy Mettant, ancien directeur de La Tribune de Genève, mérite d'être rapporté lui aussi. Il met en avant ce qui est assez largement admis, ne serait-ce que du bout des lèvres. L'Allemagne, depuis la réunification de 1991, est devenue « le nouveau poids lourd de l'Europe, loin devant la France ». Le fossé s'est creusé, surtout à partir de 2005, lorsque le pays a réorganisé son appareil productif (restructuration industrielle dans un espace géographique plus étendu intégrant plusieurs des pays de l'est de l'Union élargie[151]) et dans la foulée a accentué sa conquête des marchés américains et chinois. L'analyste termine par une réflexion iconoclaste qui probablement hérissera beaucoup de lecteurs, mais qui n'en mérite pas moins d'être citée. « On peut même dire que l'Allemagne a réussi à obtenir ce qu'elle avait recherché au cours des deux guerres mondiales et cela de façon pacifique. C'est une prouesse du génie allemand moderne, … [mais cette situation] tend à déséquilibrer la barque européenne »[152]. L'auteur plaide alors pour la mise en place d'un fédéralisme qui permettrait d'atteindre un meilleur équilibre des

---

[150] *L'économie du 21ème siècle. Critique de la raison en économie*, L'Harmattan, tome 1, 2019.

[151] Nombre d'entreprises allemandes ont externalisé (sous-traité) une partie de leurs fabrications pour bénéficier de coûts sensiblement moins élevés tout en gardant un contrôle étroit sur l'ensemble pour promouvoir « la qualité allemande ».

[152] G. Mettan, *L'Europe semble avoir perdu toute souveraineté*, entretien paru dans Rédaction Entreprendre du 6/11/2019. Il y présentait son dernier ouvrage paru sous le titre *Le continent perdu : Plaidoyer pour une Europe démocratique et souveraine*, Edition des Syrtes, 2019.

pouvoirs entre les partenaires. Il est loin d'être le seul, mais il paraît possible de douter du réalisme de cette option dans le contexte actuel.

Le navire européen a été torpillé par la mondialisation, touché mais pas coulé ; sa marche en avant ne s'en trouve pas moins considérablement freinée. Pendant ce temps, au cœur de notre Europe rêvée, a été consacré le couple franco-allemand. Mais dans quelle mesure cet « attelage » a-t-il vraiment fait progresser l'Union européenne ?

3. Le couple franco-allemand chef-d'œuvre de la diplomatie germanique

Le couple franco-allemand est le socle de l'Union soutient à l'unisson la grande majorité des analystes et chroniqueurs. Ce tandem ne cesse guère d'être célébré par l'opinion publique dominante de notre pays. Les commentateurs y joignent toute la ferveur et toute la solennité requises. Pourtant, si l'on tend l'oreille, il est possible d'entendre d'autres sons de cloche. Quelques sceptiques ont même douté de l'existence de ce duo, une grosse erreur d'analyse assurément[153]. Le couple mythique a une réalité indiscutable, mais il paraît nécessaire de remettre à plat sa véritable nature.

Cette association, la France, à l'origine, l'a voulu plus que le partenaire d'Outre-Rhin, mais elle est prisonnière de

[153] Parmi quelques autres auteurs, citons Coralie Delaume, *Le couple franco-allemand n'existe pas*, Michalon, 2018. En fait, dans son développement, la thèse de l'auteure est plus nuancée ; elle soutient que les Etats-Unis sont le partenaire principal économico-politique de notre voisin, loin devant la France en position subsidiaire. En définitive, dans ces grandes manœuvres économico-diplomatiques, l'Allemagne est devenu le pays dominant de l'Union qui se serait même transformé en un empire allemand. La thèse est polémique, elle souffre d'outrance, bien qu'elle contienne également une part inéliminable de vérité comme je le soutiens de mon côté.

ce choix, contrairement à notre puissant voisin, ce qui va être développé ci-dessous.

Les élites françaises, pouvoirs publics en tête, n'ont pas la même perception ni les mêmes motivations que les autorités publiques allemandes. Un drôle de couple ont même soutenu quelques-uns[154], mais ils sont très minoritaires. Cette association, plébiscitée par les Français, a l'apparence d'une (très) bonne idée. La France, dans la mouvance de son rôle ancestral, espérait ainsi devenir co-pilote d'une Union européenne en construction et qui cherchait à affirmer son rôle dans le monde. Tout commença effectivement sous les meilleurs auspices lors des rencontres historiques entre le président de Gaulle et le chancelier Adenauer en 1958 et surtout en 1963. L'Allemagne était alors « un géant économique, mais un nain politique[155] ». La France pouvait ainsi jouer le rôle du « grand frère »[156].

En fait, les rapports de forces ont changé bien plus vite que les représentations françaises. Les présidents qui, depuis Valéry Giscard d'Estaing (un chantre de l'Europe), ont promu ce partenariat stratégique, pensaient être des visionnaires et inscrire leur nom dans l'Histoire. François Mitterrand a joué un rôle central en scellant « définitivement » le pacte qui associe les deux pays, un tour de force si l'on se souvient des préférences d'une partie de sa majorité[157]. Mais, quel que soit son incontestable talent, est-il si sûr d'entrer dans l'Histoire ? Car les

---

[154] A. Valleray, 2017, chapitre VI.2 et Epilogue, op.cit.

[155] M. Hau, *France-Allemagne : Chronologie d'un décrochage*, Revue française d'histoire économique, 2014/2, pages 62-84.

[156] A. Valleray, 2017, épilogue.

[157] Ibid. ch. 11.1, *La vision stratégique du président Mitterrand, l'euro, la croissance économique et le chômage*, 2017, op.cit. J'explique quelle a été, d'après moi, la grave erreur qu'a alors commise le Président et qui allait contribuer à obérer l'avenir.

évènements ont adopté un cours qui nous éloigne des grands desseins alors caressés.

Pour comprendre l'infléchissement qu'a connu l'histoire européenne des trente dernières années[158], deux contributions majeures peuvent être mises en avant. Celle du journaliste J.M. Quatrepoint[159] vient d'être présentée. L'investigation du professeur Edouard Husson, un historien, est tout autant digne d'intérêt ; elle apporte des compléments à la première et l'inscrit même dans une autre perspective. Ce spécialiste de l'Allemagne, dans un ouvrage récent, dresse une vaste rétrospective de l'histoire du pays. Dans la mouvance de ce panorama, il accorde une grande attention à l'histoire du couple franco-allemand, à sa perception et à sa mise en œuvre pratique des deux côtés du Rhin. Les élites françaises, soutient-il, sont sous le charme de l'Allemagne, mais elles ne comprennent pas vraiment notre partenaire ni ses motivations. Dans ce cadre, il doute du réalisme de la stratégie des pouvoirs publics français largement fondée sur l'étroit partenariat entre les deux pays. Il en conclut que ce choix, en définitive, a bien plus profité à notre partenaire qu'à la France.

L'Allemagne réunifiée a changé de dimension. « Nos dirigeants n'ont pas compris que l'élargissement avait profondément changé la donne »[160]. C'est ce que soutient de son côté Éric Verhaegh. La réunification des deux Allemagne, explique-t-il, a renforcé le sentiment national germanique et favorisé la naissance d'un ancrage spécifique au centre du continent, grâce notamment à la mise en place « d'une organisation internationale du travail tournée vers

---

[158] L'effondrement de l'empire soviétique et la réunification de l'Allemagne ont généré une forte accélération des changements.

[159] 2014, op.cit.

[160] E. Husson, *Les élites françaises ne comprennent pas l'Allemagne et ça coûte cher à la France*, Atlantico, 3/11/2019. Dans cet article l'auteur présente l'analyse qu'il développe dans une partie de son ouvrage *Paris-Berlin : la survie de l'Europe*, Gallimard, 2019.

l'Est de l'Europe et destiné à enrichir l'Allemagne elle-même ». En résulte « une construction européenne de moins en moins coopérative et de plus en plus germano-centrée »[161]. L'auteur se demande même si le couple franco-allemand n'est pas mort avec la réunification de l'Allemagne. Mort visiblement non, mais il est devenu très déséquilibré. Il faut aussi considérer l'intérêt des Allemands pour le commerce transatlantique et les échanges économiques avec la Chine qui les éloigne de la seule Union.

E. Husson justement élargit le cadre de la question. Résumer cette dimension de la thèse de l'historien est instructif. Deux axes sont présentés, d'une part, les choix de la diplomatie allemande en Europe, d'autre part, les relations du pays avec les autorités bruxelloises qui régulent la vie de l'Union.

Notre partenaire est devenu « l'homme fort » de l'ensemble européen soutient-il parmi d'autres. Mais l'intérêt de son développement est davantage dans l'analyse qui suit. Pendant longtemps (1870-1945), les ambitieux et belliqueux germaniques ont cherché à assurer leur suprématie sur le continent européen par l'affrontement militaire. Aujourd'hui leur stratégie a changé radicalement. Dans un cadre européen et mondial complètement renouvelé, l'arme de la puissance est devenue industrielle. Le pays, qui se souvient de sa cuisante défaite, répugne à montrer sa force. Pour conforter son influence, sa diplomatie est très active, habile et opportuniste. Elle noue des alliances avec divers Etats de l'Union, y compris avec les petits pays ; « l'Allemagne pratique les coalitions pour faire avancer ses projets ». La France au contraire a tout misé sur ses relations privilégiées avec son voisin

---

[161] E. Verhaegh, *Emmanuel Macron doit-il vraiment essayer de sauver le couple franco-allemand* ?, Atlantico, 7/05/2019.

d'Outre-Rhin et néglige des partenaires qui pourtant partagent des intérêts communs.

Tout pays membre doit également composer avec les prérogatives de la Commission, noyau institutionnel supranational de l'ensemble. Encore faut-il souligner, remarque l'historien, que les règles européennes, sont celles que notre partenaire préféré a en partie dictées ou soufflées, bref celles qui conviennent le mieux à son économie bien plus qu'à celles des partenaires, ceux du Sud notamment. En complément, la diplomatie germanique s'est appliquée à attirer les bonnes grâces des députés européens et elle « sait placer les siens à des postes clés, ce que nous sommes incapables de faire ».

L'Allemagne, soutenue par sa puissance économique, mène le bal, feignant de satisfaire le désir français d'un dialogue privilégié. Elle conduit une politique largement inspirée par ses intérêts nationaux. « Pour l'Allemagne, la nation est toujours plus importante que l'Europe … Il n'y a donc pas de notion d'Europe-puissance en Allemagne » conclut l'historien.[162]

Aux alentours de 1980, trônait encore la France qui pouvait peser sur le destin de l'Europe, plus peut-être encore que son voisin d'Outre-Rhin, son alter-égo. Une page de l'histoire européenne a été tournée. Notre pays en quarante ans a perdu de sa superbe, mais ne peut se l'avouer ; il est dans le déni. La France n'est pas sortie de son rêve, héritage de son passé prestigieux. A bien examiner la recomposition des rapports de force économico-politiques associés à la géographie, il paraît possible de conclure que la France n'est plus au centre de

---

[162] Présentation de points saillants de l'argumentation présentée par E. Husson dans l'article d'Atlantico du 3/11/2019, centré sur le couple franco-allemand. Les citations sélectionnées sont extraites de cet article.

l'Europe avec l'Allemagne mais est au cœur de l'Europe du Sud (dans une acception large, géoéconomique)[163].

Tout entier à leur grand dessein, les décideurs publics français ont négligé leurs partenaires de cette zone. Ils les ont laissés se débrouiller seuls avec des problèmes qui sont au moins en partie les mêmes que ceux de l'économie hexagonale. Le professeur Saint-Etienne, européen convaincu qui a beaucoup écrit et plaidé pour l'Union européenne, le reconnaît volontiers. On aurait tort de s'allier à tout prix à l'Allemagne « qui nous regarde de haut ». C'est plutôt avec les pays du Sud qu'il conviendrait de nouer des partenariats. Ceux-ci ont des potentiels industriels qu'il ne faut pas négliger et qui peuvent être complémentaires aux nôtres. « Seules ces alliances permettront à l'hexagone de créer des filières d'avenir solides et modernes »[164]. Il est possible d'ajouter que les rapprochements ne devraient pas être seulement économiques mais politiques. Les responsables gouvernementaux italiens[165], pour ne citer qu'eux, victimes d'isolement au-delà de la brouille provoquée par le peu fréquentable Mattéo Salvini, en éprouvent une amertume certaine (une rancune ?). Quoiqu'il en soit, ce choix, en minorant l'influence des pays du Sud (et leur poids non seulement démographique mais aussi économique), n'a fait que renforcer la suprématie de notre partenaire.

En définitive, le couple franco-allemand est surtout un magistral coup de génie de la diplomatie germanique. Il lie

---

[163] Comme le soutient de son côté l'historien P. Vermeren « La France est revenue à sa condition de pays méditerranéen aux côtés de ses sœurs latines, l'Espagne et l'Italie. », l'Express, entretien, 19/04/2020. L'historien s'affirme comme un des maîtres de l'histoire contemporaine française.

[164] L'Express, *Réindustrialisation*, 7/05/2020.

[165] S. Gozy, *L'Italie, de l'euro-optimisme vers l'euroscepticisme ?*, dans *L'avenir de l'Union européenne*, ouvrage collectif, université de Genève, 2018.

la France à son puissant partenaire, l'oblige à le soutenir, trop souvent dans la poursuite de ses propres intérêts, tout en lui laissant une grande liberté d'action. Ce choix n'a pas renforcé l'influence française, au contraire. Les rêves hexagonaux d'un leadership franco-allemand se sont évanouis avec l'affaiblissement national, même si nous n'en avons pas une claire conscience[166]. L'Allemagne, on l'a vu, a tissé sa toile alors que la France se retrouve finalement isolée. Le président Macron fait ce qu'il peut pour occuper le devant de la scène[167] et garder un peu d'influence en s'appuyant sur l'image séculaire de la France ; pourtant son active diplomatie ne peut masquer le passif du rapport des forces dont il a hérité. Il n'a pas réussi à séduire l'habile chancelière allemande et pour cause, pourquoi reviendrait-elle sur les acquis de son pays et ses conceptions en matière de gouvernance ?

L'accord franco-allemand de juin 2020 est-il un vrai succès pour l'Europe comme l'ont soutenu en cœur presque tous les chroniqueurs ? La crise économique provoquée par le Covid d'une part et la politique nationaliste brutale menée par le président Trump d'autre part ont fragilisé certaines des bases de la suprématie germanique qui a dû se montrer moins intransigeante et infléchir certains de ses choix. Ces évènements n'ébranlent pas pour autant la supériorité d'ensemble du pays. Celui-ci a deux fers au feu ; l'un à l'extérieur de l'Union a paru trouver ses limites avec le brutal président Trump, l'autre à l'intérieur se trouve

---

[166] *La France est maintenant reléguée en deuxième division très loin derrière l'Allemagne.*, Nicolas Baverez dans l'Express, Entretien, 30/04/2020. L'auteur est un historien et penseur d'inspiration libérale ; auteur à succès, il s'est affirmé en observateur de la France et du monde contemporain. Une analyse intéressante est par ailleurs exposée, parmi d'autres, par M. Hau, 2014, a.c.

[167] Par ex., S. Maillard, *L'ambition européenne du président Macron et la réaction en Europe à son projet*, dans L'avenir de l'Union européenne cité ci-dessus, (Université de Genève, 2018).

fragilisé à cause des problèmes économiques de ses partenaires réactivés par le Covid. L'Union européenne est donc traitée avec davantage de ménagement. Cela est plutôt bon pour ses membres, mais notre partenaire d'Outre-Rhin a l'avantage de rester maîtresse du jeu. La France, même si elle a plaidé la cause européenne, n'est pas remise en selle. Confrontée aux vents contraires, l'Allemagne a dû louvoyer sans pour autant changer sa stratégie. Le vent a failli tourner. Mais l'élection en Amérique d'un nouveau président, le démocrate Jo Biden, va probablement réactiver le partenariat américain de l'Allemagne, dans l'intérêt du premier mais aussi de la seconde. Probablement, au premier semestre 2021 le pouvoir américain, qui veut ressouder autour de lui le camp occidental en faisant front commun contre la Chine et le Russie, se heurte cependant aux réticences germaniques ; ces derniers cherchent à préserver leurs fructueuses relations économiques avec les deux adversaires de l'Occident. L'Allemagne pense être devenue suffisamment puissante pour marquer sa différence avec son leader.

4. Vers une Europe « néo-féodale » ?

Le projet de construction d'une Europe fédérale était prématuré. Les peuples n'étaient pas près, les économies nationales et les pouvoirs publics non plus. Mais la mondialisation est la cause principale des échecs, l'Union en sort durablement affaiblie ; la vie européenne va continuer dans un cadre partiellement inédit. Celui-ci commence à se dessiner sous nos yeux. Il évoque la vieille organisation féodale structurée par des liens de dépendance entre un suzerain (l'Allemagne) et des vassaux, peut-être même avec un niveau de suzeraineté intermédiaire, et des relations fluctuantes entre les vassaux, quelques-uns étant moins dépendants que d'autres. Car le schéma reste flou et en cours d'élaboration. Cette structuration n'introduit-elle pas une parenté avec le Saint-Empire romain germanique ? Parmi les différences, l'Allemagne moderne a été réunifiée et peut poser encore plus sur l'ensemble. Cette perspective introduit un rapprochement avec une des conclusions présentées dans l'ouvrage de Coralie Delaume[168], évoquée succinctement ci-dessus. Mais faut-il aller jusqu'à imaginer une Europe transformée en empire allemand ? La réalité reste malgré tout plus complexe comme l'explique de son côté Edouard Husson[169].

Conclusion de la 1ère partie : Un bilan d'étape

En cinquante ans, les vagues successives de la mondialisation ont fait évoluer la face du monde de façon spectaculaire. Grâce à la perspective offerte par la mondialisation et par l'Europe unie, les augures nous annonçaient des lendemains radieux. Au début des années 1970, le président Nixon, frappant les trois coups annonciateurs du « lever de rideau » d'un nouveau spectacle que la postérité un peu plus tard allait appeler la mondialisation, avait déclaré en substance : « Tout le monde sera vainqueur, mais quelques-uns le seront plus que d'autres ». Optimiste le président ! Car les observateurs allaient assez vite s'apercevoir qu'en réalité il y a des vainqueurs et aussi des vaincus. Les Etats-Unis, par la mondialisation, voulaient parachever leur domination sur le monde.

En fait, la réalité a échappé aux desseins de ses concepteurs et aux rêves de ses laudateurs. Les élites de la première puissance mondiale, l'hyperpuissance depuis la chute de l'Union soviétique, ont joué aux apprentis sorciers. Finalement, l'empire américain est un des grands vaincus de la mondialisation. Des chroniqueurs soutiennent qu'avec l'arrivée du nouveau président en 2021, une deuxième

---

[168] 2018, op.cit.

[169] 2019, op.cit.

manche de la lutte sino-américaine vient de débuter, peut-être, mais le handicap est lourd. Bon courage M. le Président Biden !

Certes, la Chine a gagné une bataille ; elle n'a pas encore gagné la guerre, pour la raison présentée ci-dessus et pour d'autres encore. On n'en observe pas moins les signes annonciateurs du « déclin du dollar »[170] et les prémices du recul des Etats-Unis.

Quant à l'Europe, elle en sort elle aussi affaiblie. La construction de l'entité européenne a été fortement perturbée et sa cohésion mise à mal. Quelques analystes sont allés jusqu'à soutenir que ses vices de construction sont tels qu'il faudrait mieux abattre l'édifice institutionnel actuel et édifier un nouvel ensemble capable de promouvoir une véritable Europe unie. Une telle démarche serait d'autant plus qu'hasardeuse que les principales causes des échecs paraissent être extérieures à l'Union elle-même, victime collatérale de la mondialisation. Dans ce contexte, les objectifs affichés n'ont pas été atteints ; le constat est celui d'un demi-échec ou presque, car, malgré tout, la marche de l'Union, même sérieusement boiteuse, continue.

Demi-échec de l'Union donc, mais pas pour tout le monde. Il y a aussi des vainqueurs, à commencer par l'Allemagne, ses firmes et l'Etat lui-même. Contrairement au cas américain, les entreprises ont été le fer de lance de la progression de la puissance nationale. Le pays est ainsi un des grands bénéficiaires de la mondialisation. Il émerge dans le groupe de tête des Etats influents dans le monde[171]. D'autres pays ont aussi bénéficié de la mondialisation et de l'Europe. Sans vouloir faire un classement ni un examen exhaustif et approfondi, émergent l'Irlande et beaucoup des

---

170 Roubini et Mihm, op.cit. 2010, p. 350/354.

171 J.M. Quatrepoint, *Le choc des empires*, 2014, op.cit.

pays de l'ancienne Europe de l'Est[172], même si quelques-uns ont mieux tiré leur épingle du jeu. Parmi eux citons, sans vraie hiérarchie, l'Estonie « le tigre de la Baltique », la Pologne, la Tchéquie, la Slovaquie, la Slovénie.

Les consommateurs sont très loin d'y trouver leur compte, au contraire des grandes entreprises qui figurent parmi les grands gagnants du monde occidental aux côtés d'un cercle restreint d'élites, surtout aux Etats-Unis.

Globalement, au-delà du constat (celui inéliminable des vainqueurs et des vaincus), le monde a-t-il gagné quelque chose ? Si l'on cesse de s'intéresser seulement à « notre » propre sort, à nous membres des pays développés, certainement. Car, apparaissent les oubliés du développement de la période antérieure, les plus nombreux, qui, eux, à des degrés très divers, font partie des gagnants, des grands gagnants pour les plus favorisés. Plus globalement, la mise en place d'un nouvel ordre mondial pourrait-elle se faire – relativement – pacifiquement ? C'est le pari qui a été ici formulé (chapitre V). C'est un pari très risqué, mais c'est malgré tout le côté positif de la mondialisation. Le monde joue son avenir, sa survie peut-être même, et la mondialisation pourrait y contribuer.

Quant à l'économie française, parmi les autres, elle a été sommée de s'adapter, sans ménagement. Effectivement, la mondialisation a contribué à changer le pays, plus encore certainement que son adhésion à l'Union européenne, en tout cas à partir des années 1980. Mais la réalité n'est pas celle qui avait été rêvée. Notre pays a-t-il gagné quelque

---

[172] Parmi plusieurs publications, un bilan dans *La France dans l'Union européenne* INSEE références, 16/04/2019 ou l'intéressant dossier du Figaro, *L'Europe en données, 30 ans après la chute du Mur de Berlin, où en sont les économies du bloc de l'Est qui ont intégré l'Union européenne ?*, Jean-Baptiste de la Torre, www.lefigaro.fr, 9/11/2019.

chose ? On peut en douter. Pire encore, il est un de ceux qui, en Europe, a le plus perdu ; il est même le grand vaincu de cette séquence historique. C’est ce qui va être développé dans la seconde partie.

Deuxième partie

La France entre fractures et utopies

« Je me demande si ce n'est pas à cette expérience révolutionnaire [la révolution de 1789] que nous devons collectivement un trait de notre caractère national marqué par l'extrémisme et la tentation de la radicalité »[173].

En 1815, la France bascula d'un seul coup, ou presque, de la puissance et de la grandeur à la médiocrité. L'élan révolutionnaire parut brisé et ce fut le début d'un lent déclin. Quant au monde (occidental) qui comptait en ces temps-là, il allait connaître une mutation sans précédent, passant des temps anciens aux temps modernes sous la houlette de la Grande-Bretagne. Le peuple français avait accompli avec éclat sa révolution politique devant le reste du monde stupéfait, mais il parut entrer à reculons dans les remous provoqués par un bouleversement d'une tout autre nature qui prit le nom de révolution industrielle. Celle-ci marqua une rupture au moins aussi importante que la première et fut porteuse de changements considérables pour la vie des populations.

Ce déclin national parut stoppé après la Seconde Guerre mondiale, initialement perdue par les Français de façon si calamiteuse, puis gagnée par les grands belligérants au terme d'une lutte titanesque contre l'Allemagne nazie. Le pays entra alors vraiment dans le vingtième siècle et dans l'ère industrielle. Il connut le plus bel essor économique de son histoire. Ce furent les « Trente Glorieuses » (1949/1974)[174] pour la France, l'époque la plus fructueuse

---

[173] Mona Ozouf, Ouest-France, entretien, 01/08/2020.

[174] Le pays dut d'abord se relever des dégâts causés par la guerre et remettre en route son économie. En 1949, la remise en ordre n'était pas

de son histoire depuis la fin du Premier Empire napoléonien. Ses habitants reconquirent ainsi leur dignité et leur confiance en eux-mêmes. La présence d'un homme d'Etat d'une envergure exceptionnelle renforça encore l'image et le poids diplomatique du pays en Europe et dans le monde dans une moindre mesure. Notre pays pouvait effectivement ressentir une certaine fierté. Porté par son développement économique, leader européen aux côtés du Royaume-Uni, devant l'Allemagne qui restait affaiblie par la guerre, en tout cas jusqu'aux années 1960, ses habitants en touchaient les dividendes.

Puis, tout s'est déréglé, précisément à partir de 1975 et bien plus encore à partir du début des années 1980. Cette partie va être consacrée à l'examen de cette période bousculée par la mondialisation. Elle a vu la France perdre son rang de co-leader européen et les Français leur confiance en eux-mêmes et en leurs dirigeants.

C'est l'histoire de la spirale du déclin qui va être ici présentée. Dans cette mouvance, sont apparues ou se sont renforcées des fractures qui divisent et pénalisent encore plus le pays. Les Français, ne sachant plus à quel saint se vouer, paraissent tentés par la fuite dans des utopies, à chaque grand groupe la sienne. Dans un tel environnement, un parcours difficile attend les populations et leurs dirigeants. Les premières, en fuyant les réalités, ne vont-elles pas être tentées par des solutions aventureuses poussant encore plus loin l'abaissement du pays ? Les seconds seront-ils à la hauteur d'une situation qui a rarement été aussi difficile ? L'irruption du Covid en 2020 puis en 2021 a détourné l'attention, mais ne fait que rendre la situation plus difficile à dénouer.

---

terminée ; néanmoins le PIB national retrouva alors son montant d'avant-guerre.

Chapitre VII

Les Trente Glorieuses, l'âge d'or français

En 1949, la France était encore imprégnée par sa ruralité. La moitié de la population résidait dans des communes de moins de 2000 habitants et 3 actifs sur 10 étaient des agriculteurs (30%)[175]. Par contre, l'industrie, principale source de la richesse (donc du pouvoir d'achat et de sa progression) et de la puissance nationale depuis le 19ème siècle, était insuffisamment développée. Les retards trouvent leur origine loin dans le passé, dès le début du 19ème siècle. La France était sortie affaiblie de la Révolution et de l'Empire. Elle fut comme empêtrée dans ses conservatismes. Ainsi la transformation industrielle du pays commença en retard et s'effectua lentement. La première moitié du vingtième siècle marquée par deux guerres mondiales et une crise économique dévastatrice (1929 jusqu'aux lendemains de la guerre) ne corrigea pas cette tendance. Tel est le tableau peu flatteur sommairement résumé.

Contre toute attente, tout changea pourtant après la fin de la Seconde Guerre mondiale. Le pays fut comme réveillé et, après avoir réparé les dégâts de la guerre, entama une renaissance qui allait durer pendant près de 30 ans. Ce fut « le miracle économique français », bien plus connu sous le nom des Trente Glorieuses. En 1949 le PIB avait retrouvé son niveau d'avant-guerre ; cette période s'est donc étendue de 1949 à 1974.

---

175 A. Sauvy, *Les tendances de la population active en France*, revue Population, 1955, vol. 10 n°3. La population active des agriculteurs, 30%, est celle qui a été évaluée pour l'année 1946.

1. L'apogée de la vitalité française au 20ème siècle

Dès le début des années 1950, le pays commença à changer de visage. Au terme de cette période, la transformation a été spectaculaire. En toute première approche, deux données sont ici présentées pour évaluer au plus vite le chemin parcouru. La population des ruraux (celle qui habite dans des communes de moins de 2000 habitants) est passée de 50 à 25% au début des années 1970 pour s'accroître un peu par la suite[176]. Quant aux actifs du monde agricole, leur part dans la population active est passée de 30 à 8% à la fin des années 1970, et à peine 2% aujourd'hui. En 1982, le secteur comptait encore 1 600 000 actifs ; ils ne sont plus que 400 000 aujourd'hui (2019).

A l'inverse, la population travaillant dans l'industrie a connu une croissance exceptionnelle. Sa part est passée de 29.3% en 1946 à 39.1% en 1962 pour décroître d'abord lentement puis beaucoup plus rapidement après 1974.

Quant au pouvoir d'achat des ménages il a connu une progression spectaculaire, soit en moyenne, 3,5% net d'inflation par an de 1949 à 1960 pour même atteindre un taux annuel de 4% jusqu'en 1974[177]. A ce rythme, le pouvoir d'achat double en vingt ans à peine et il quadruple en moins de quarante ans[178]. Il faut bien souligner que pour

---

176 Centre d'observation de la société.
La part de la population en ville plafonne depuis dix ans, 5/03/2019, www.observation.société.fr. Le pourcentage de population des ruraux avait même baissé davantage jusque à la fin des années 1960 (proche de 20%) mais dans les années 1970 commença à s'amorcer un nouveau phénomène, certains habitants, les « rurbains », travaillant en ville préférèrent habiter « à la campagne ». Pour différentes raisons l'INSEE a abandonné l'ancien clivage population rurale, population urbaine.

177 Données et sources sont présentées dans mon ouvrage de 2017 p. 49.

178 Parmi d'autres témoignages, celui de G. Morlier est édifiant et touchant. Il présente l'itinéraire d'une famille modeste de l'après-guerre vivant dans une grande précarité dans une ville de surcroît en partie détruite par la guerre et son cheminement vers la

obtenir ce résultat les statisticiens ont éliminé l'effet des hausses des prix sur la croissance des revenus. Dans ce contexte, le chômage était quasiment inexistant, inférieur à 1% jusqu'en 1968. Pendant toute cette époque l'économie française manquait même « de bras » ; elle a facilement absorbé le rapatriement massif des Français d'Algérie des années 1960 (un million de personnes) et a accueilli de la main d'œuvre de nos anciennes colonies, des maghrébins principalement dans une première étape.

Cette progression aurait-elle pu se poursuivre pendant longtemps ? C'est ce qu'avait soutenu le célèbre futurologue Herman Kahn.[179]

2. La fin d'une époque[180]

Il arrive que le sort soit ironique, car c'est justement à partir de 1974 dans le monde et en 1975 en France que l'Histoire amorça une grande inflexion marquée entre autre par un freinage durable de la croissance du pouvoir d'achat des populations partout dans les pays du monde développé. La futurologie, discipline qui avait pignon sur rue, en resta décrédibilisée. Les spécialistes qui y consacrent aujourd'hui tout ou partie de leur temps, préfèrent être appelés des prospectivistes. Devenus plus prudents, ils ont sérieusement corrigé leur méthodologie.

Rétrospectivement, il est possible de soutenir que la croissance du pouvoir d'achat, qui a caractérisé les Trente Glorieuses, n'aurait certainement pas pu se poursuivre au même rythme pendant de nombreuses années. Le pays était économiquement en retard ; il y eut un phénomène de

---

découverte d'une vie plus confortable. *La Guitare sur les quais. Un fils se souvient*, Les Editions du Panthéon, 2017.

[179] *The Next 200 years*, Ed. Morrow, 1976.

[180] C'est que soutient de son côté le professeur (historien) J.F. Sirinelli dans un ouvrage digne d'intérêt, *Le monde que nous avons perdu, une histoire du vivre-ensemble*, Tallandier, 2021.

rattrapage. Au début des années 1970, la détention des principaux biens durables par les ménages[181], principal moteur de la croissance de la demande pendant la seconde moitié du 20ème siècle, s'approchait de la saturation, même si une partie de la population nationale restait (et reste encore) relativement pauvre. Ce constat annonçait un infléchissement progressif du taux de croissance. Mais celui-ci se produisit plus tôt et plus brutalement.

En même temps que mourait le président Pompidou au début du printemps 1974, se termina brutalement le « miracle économique français »[182]. Cette année-là fut la dernière des belles années de la croissance du pouvoir d'achat. À partir de 1975, la machinerie économique, qui paraissait si bien huilée jusqu'alors, commença à se gripper.

Un accident de l'Histoire précipita une évolution probable et cassa brutalement le dynamisme économique. Les hausses spectaculaires des prix du pétrole, multipliés par seize en à peine dix ans (1972-1980)[183], perturbèrent grandement le fonctionnement de l'économie mondiale, engendrant inflation et baisse brutale de la croissance du pouvoir d'achat dans tous les pays développés. Le naufrage du Système Monétaire International, au pire moment, ne fit qu'aggraver les difficultés. Ce système organisait les échanges commerciaux internationaux avec principalement des taux de change fixes entre les monnaies.

Ces causes s'ajoutèrent à un phénomène encore caché et qui n'avait pas encore vraiment de nom. Car la mondialisation était à l'œuvre et elle allait engendrer

---

[181] La détention des biens durables par les ménages est mesurée par un pourcentage : part des ménages qui détient chacun des biens durables retenu. Pour des biens comme l'automobile, l'examen peut inclure l'existence d'un deuxième véhicule.

[182] Autre façon de désigner cette période, elle a été éclipsée par la formule de l'économiste Jean Fourastié.

[183] Dans un contexte de guerre au Proche-Orient et de révolution en Iran.

diverses perturbations qui ont incontestablement contribué au freinage de la croissance du pouvoir d'achat, partout dans le monde développé et plus encore aux Etats-Unis, en dépit des apparences (chapitre 3.1).

Des temps beaucoup plus incertains allaient suivre et perdurer jusqu'à aujourd'hui. En France, les chocs pétroliers firent sentir leurs effets avec un peu de retard à partir de 1975. Mais le contrecoup fut brutal : pour la première fois depuis la fin de la Seconde Guerre mondiale, le PIB baissa. Dans un premier temps (1975-1979), le freinage de la croissance, même s'il a été douloureusement ressenti par les populations, resta modéré ; mais ce n'était que le début des désillusions. L'économie du pays n'allait jamais retrouver un niveau satisfaisant de croissance.

Chapitre VIII

Une crise économique de cinquante ans

La période commencée en 1975 est loin d'être terminée[184]. En extrapolant, il est vraisemblable de soutenir que le pays est plongé dans une crise d'au moins cinquante ans, et probablement plus longue sur la base des dégâts causés à l'économie et au corps social national. Laissant de côté une conceptualisation académique, il est possible de soutenir que la crise, dans le sens ci-après adopté, est caractérisée par un mauvais fonctionnement de l'économie sans discontinuer : les taux de croissance annuels de la production nationale (PIB) et des rémunérations sont anormalement affaiblis, le taux de chômage est anormalement élevé. Ainsi en 2015, Christine Kerdellant[185], qui présentait un livre de l'économiste Jean-Marc Daniel, s'est permise de surnommer toute cette période les « Quarante Piteuses ».

1. Une croissance de plus en plus ralentie associée à un chômage élevé

En fait de 1975 à nos jours, de décade en décade, les taux de croissance du PIB et des revenus n'ont pas cessé de diminuer pendant qu'augmentaient le taux de chômage et le malaise des populations. En moyenne, pendant toute cette longue période, le taux de croissance du PIB n'a été que la

---

[184] Quarante-six ans à la fin de l'année 2021.

[185] L'Express du 28/10/2015, présentation du livre de J.M. Daniel, *Le gâchis français : histoire de quarante ans de mensonges économiques*, Tallandier, 2015.

moitié de celui des Etats-Unis[186], bien que ces derniers soient loin d'avoir réalisé des exploits[187].

Les populations françaises ont très mal vécu ce changement d'époque. Si volontaires, si optimistes, pendant la période antérieure, elles ont sombré dans un état de malaise tenace (l'asthénie)[188] qui perdure jusqu'à aujourd'hui. Une partie des populations du pays n'a pas encore terminé le deuil des Trente Glorieuses. La pandémie de 2020 et 2021, très mal vécue par les Français, a, paradoxalement, détourné l'attention des habitants de leurs maux habituels[189] ; mais ce n'est probablement qu'une parenthèse.

L'histoire de cette très longue crise a été partiellement développée dans ses grandes lignes dans mon précédent ouvrage.[190]L'accent, ici, va être mis sur la période postérieure à la crise de 2007/2008 jusqu'en 2020, qui peut être mise en perspective. Comme l'économie française subit l'influence de l'économie des Etats-Unis, les traits les plus caractéristiques de leur activité seront présentés dans les développements suivants.

Cette tendance au freinage de la croissance économique observée depuis 1975 aurait peut-être été stoppée au tournant du 21ème siècle, quand survint la Grande Récession commencée en 2007.

---

186 Tableau 1, chap. III ci-dessus, Croissances économiques comparées, Etats-Unis et France par sous-périodes (1960-2019).

187 Comme le soutient le prix Nobel d'économie J.E. Stiglitz, op.cit., LLL, 2019.

188 « Manque de force, état de faiblesse » (Petit Robert), langueur, manque de vitalité, de volontarisme et de confiance en soi, qui se distingue cependant de la dépression.

189 Phénomène bien connu des médecins ou infirmiers devant effectuer une manipulation douloureuse, pour détourner l'attention du blessé, ils provoquent un choc qui le détourne de la douleur principal.

190 2017, *Le retour d'un mal récurent, l'asthénie française*, p. 48 à 57.

2. L'impact de la Grande Récession sur le fonctionnement de l'économie française

La crise est née aux Etats-Unis, et par leur faute, plus précisément à cause d'un dérèglement du capitalisme américain[191]. Le choc économique fut brutal et violent[192]. Ainsi, aurait pu se déclencher une crise mondiale identique à celle de 1929 (la Grande Dépression). La prompte réaction des pouvoirs publics et monétaires permit d'éviter une pareille catastrophe. Mais outre une grande peur il y eut beaucoup de dégâts. Le choc fut rude pour l'économie dans son ensemble : plusieurs millions de ménages américains perdirent leur emploi et furent jetés hors de leur logement faute d'être capables de rembourser leurs emprunts. Ce fut la Grande Récession, la crise la plus grave depuis la Grande Dépression de 1929.

L'onde de choc se propagea partout dans le monde développé, de manière un peu atténuée en Europe, sauf dans des pays comme l'Espagne et l'Irlande, à cause de leur grande fragilité financière ou en Grèce en raison de nombreuses fragilités. En France, la récession (baisse de la production nationale) de 2008 à 2009 fut aussi atténuée par l'action des pouvoirs publics (présidence Sarkozy) qui réagirent énergiquement. Pour lutter contre cette baisse, ils allouèrent du pouvoir d'achat aux agents économiques (aux ménages et aux entreprises), directement ou indirectement, sous différentes formes. Cette distribution fut alimentée par le budget public et notamment par les déficits publics, eux-mêmes financés par des emprunts d'origines étrangères deux fois sur trois. De la sorte, les revenus baissèrent moins que la production nationale, ce qui enraya le processus de baisse de la production stoppé dès l'année 2009.

---

[191] Présenté dans le chap. IV ci-dessus, « Les grands désajustements économiques et la maladie du capitalisme américain ».

[192] Une explication un peu plus détaillée dans mon ouvrage de 2017, chap. 7.1.

Bien entendu, ces actions furent conjuguées avec celles de nos partenaires (les interdépendances entre économies en Europe et dans le monde n'ont jamais été aussi grandes). Néanmoins, les autorités monétaires européennes réunies au sein de la Banque Centrale Européenne, la BCE, très influencées par les pouvoirs publics allemands, n'apportèrent pas la collaboration que certains pouvaient attendre (comme aux Etats-Unis). Certes, les décideurs de la BCE eurent une réaction appropriée face aux vagues de la violente crise financière venues d'Outre-Atlantique, en empêchant la panique qui aurait pu provoquer la faillite de banques, puis de nombreuses entreprises. Mais ces responsables furent bien plus rigides. Ils refusèrent de soutenir le pouvoir d'achat des agents économiques (par une politique de crédits adaptée, en pratique en créant de la monnaie) ; ils laissèrent cette mission aux seuls pouvoirs publics nationaux dont le seul instrument d'action est budgétaire[193]. Dans ces conditions, en deux ans les endettements publics européens firent un grand bond en avant. Après ces années difficiles, la crise parut être jugulée.

[193] En d'autres temps, la Banque de France, sous contrôle de l'Etat, pouvait créer de la monnaie pour soutenir la demande nationale. Cette politique n'était pas sans risque puisqu'elle contribuait à générer de l'inflation. Mario Draghi nommé par la suite président de la BCE se résolut néanmoins à pratique une telle politique et contribua ainsi à sauver l'euro à un moment difficile de sa vie (2012/2014).

3. Le cycle de croissance économique de la décennie 2010, dissociation des cycles américain et européen

Après quatre années difficiles, la croissance fut de retour aux Etats-Unis (tableau 1 du chapitre III). Leurs responsables mirent en mouvement deux puissants moyens d'action : les déficits budgétaires associés à une politique monétaire accommodante (création de monnaie). Ces deux instruments, par des canaux différents, créèrent du pouvoir d'achat pour les ménages et des liquidités pour les entreprises et les banques. De la sorte, la « machine économique » fut remise progressivement en ordre de marche, à partir de 2010. Le volontarisme de l'Oncle Sam (au pays des ultra-libéraux !) produisit des résultats qu'il est tentant de qualifier de spectaculaires, en tout cas si l'on considère l'ornière dans laquelle paraissait être enlisée l'économie du pays.

Fut ainsi amorcée aux Etats-Unis, très lentement au début, la plus longue période de croissance économique depuis la guerre (2011-2019)[194] si bien que le chômage fut résorbé jusqu'à atteindre un point bas rarement atteint (3,6%), sur la base des indicateurs officiels. Le président Trump, arrivé au pouvoir en janvier 2017, a grandement bénéficié de cette vague et s'en est approprié les fruits politiques. Une grande peur du président a probablement été que ce cycle long s'épuise avant la fin de son mandat[195].

---

[194] Cette croissance a été sérieusement perturbée en 2020 au moins par les conséquences du Covid et elle a été réactivée en 2021.

[195] La vie économique du capitalisme est rythmée par ces mouvements de croissance« ondulatoire » ou cyclique de la production et des revenus. La récession est caractérisée par une baisse plus ou moins brutale et profonde de la production et des revenus. Après une ou deux années de récession s'amorce et s'épanouit un nouveau cycle de croissance économique qui dure en moyenne quatre ou cinq ans, jusqu'au déclenchement d'une nouvelle récession et ainsi de suite.

Les économies européennes n'allaient pas suivre la même trajectoire. En effet l'économie française, avec quelques autres notamment, celles des pays du Sud européen, avait été sérieusement fragilisée par la seconde vague de la mondialisation et la mise en place de l'euro. Dans ces conditions, la reprise amorcée en 2010 fut tel un feu de paille[196]. En France, s'ensuivit une petite dizaine d'années (2008-2017) de croissance poussive de la production associée à un taux de chômage élevé et de quasi-stagnation du pouvoir d'achat des populations, du jamais vu depuis la fin de la guerre.

De la sorte, la période qui a suivi 2008 a été difficile pour les Français. Beaucoup d'entre eux ont fait état de difficultés croissantes pour équilibrer leur budget. Si l'on s'en tient à l'examen des données officielles, tableau 3 ci-dessous, il faudrait pourtant conclure que le pouvoir d'achat individuel a augmenté un peu entre 2008 et 2019. De ces données, sont tirées les conclusions et argumentaires des pouvoirs publics et même des médias qui constatent une hausse des revenus. Qui faut-il croire ?

Le lecteur attentif a peut-être entendu Mathieu Plane[197] soutenir à plusieurs reprises[198] dans des médias grand

[196] Je risque une comparaison : lorsqu'une personne a été anémiée par une longue période de privations et que survient une épidémie, l'organisme affaibli n'a plus le potentiel pour réagir. La politique économique du président Hollande, qui privilégia l'aide aux entreprises (des déductions d'impôts de 21 milliards d'euros) au détriment du pouvoir d'achat des ménages (une ponction de 34 milliards) alors que celui-ci stagnait avant impôts, plomba encore plus la machine économique. La politique de stimulation de l'économie par l'offre, remise à la mode par des groupes influents d'économistes, a eu un impact négatif pendant plusieurs années dans le contexte de l'économie française.

[197] Economiste à l'OFCE, important organisme de recherche économique rattaché à Sciences Po Paris.

[198] Entre 2019 et le début de l'année 2020.

public que le pouvoir d'achat des Français n'avait pas augmenté pendant une décennie (2009-2018).

Tableau 3 : Croissance du PIB et du pouvoir d'achat de 2007 à 2015. (Croissance entre deux années consécutives)

	2007	2008	2009	2010	2011	2012	2013	2014	2015
PIB en valeur	4.9	2.5	-2.3	2.3	3.1	1.4	1.4	0.7	1.1(p)
PIB en volume	2.3	2.5	-2.7	2	2.1	0.2	0.7	0.2	1.1(p)
Pouvoir d'achat global	3.0	0.30	1.6	1.25	0.2	-0.9	-0.1	1.1	1(p)
Pouvoir d'achat individuel	2.4	-0.3	1.1	0.7	-0.3	-1.3	-0.5	0.7	…
Indice de prix	1.5	2.8	0.1	1.5	2.1	2.0	0.9	0.5	0.0

Source, INSEE

Tableau 3 bis : Croissance du PIB et du pouvoir d'achat de 2016 à 2019

Taux de croissance*	2016	2017	2018	2019
PIB en valeur		2,8	2,8	2,8
PIB en volume		2,3	1,8	1,5
Indice des prix	0,2	0,8	1,5	2,1
Pouvoir d'achat global	1,6	1,4	1,2	1,2
Pouvoir d'achat par personne	1,2	1,0	0,9	0,8

Source, INSEE
*Taux de croissance d'une année sur l'autre

La stagnation du pouvoir d'achat de 2008 à 2017, Thomas Dupont-Fédérici le soutient de son côté et développe une explication intéressante dans son ouvrage paru en 2018[199]. L'INSEE « qui fournit un travail scrupuleux et de qualité » n'est pas en cause. Pourtant, remarque l'économiste, il faut choisir avec soin les données les plus pertinentes. L'observation des revenus moyens par

---

[199] *Pour une nouvelle génération européenne*, pages 56 à 58, L'Harmattan, 2018. Les citations sont de l'auteur.

habitant n'est pas la plus représentative de la situation. L'auteur examine d'autres données également publiées par l'INSEE, notre organisme d'études statistiques de référence. Sont ainsi présentés les revenus des ménages en distinguant dix groupes égaux, des plus pauvres aux plus riches, ce qui permet de mieux appréhender la situation[200]. L'examen de ces données permet de constater « que depuis 2008 les niveaux de vie baissent »[201]. La principale raison est à rechercher dans l'inégale distribution des rémunérations entre les différents bénéficières. Les revenus réunis, salaires, prestations sociales, revenus du capital, dans un cadre familial, et non pas individuel, (les ménages pour l'INSEE) augmentent moins vite pour les plus pauvres et un peu plus vite pour les plus aisés. En haut de la pyramide, le groupe des 10% le plus aisé est avantagé et plus encore le groupe des 5%. Il en résulte que seuls ces derniers ont bénéficié d'une augmentation du pouvoir d'achat. La moyenne dissimule donc l'inégale croissance des revenus d'un groupe de Français à l'autre.

Tableau 4 : Quelques indicateurs de l'économie française

PIB 2019	Taux d'épargne 2018	Revenu médian mensuel 2017*
2426 Mds €	15%	1 840 €

*Par personne (en intégrant tous les ménages français et pas seulement les salariés). Source, INSEE.

Or, le pourcentage de la population au revenu modeste est élevé et a même augmenté depuis 2008 souligne

200 INSEE Première, n°1665, 09/2017, cité par l'auteur.

201 Une explication argumentée plus élaborée est développée par l'auteur pages 56 et 57.

Thomas Dupont-Fédérici. Ainsi, sur la base des critères de l'Anah[202], les pouvoirs publics estimaient qu'en 2017 40% des ménages pouvaient être qualifiés de « modestes ou très modestes », soit, pour prendre deux exemples, 1 706 € de revenu fiscal mensuel de référence pour un célibataire résidant en Ile de France ou 1 232 € dans les autres régions[203]. Des ajustements statistiques sont faits pour tenir compte de la composition de la famille.

Un aparté peut être glissé ici. L'exemple précédent développé par Thomas Dupont-Fédérici montre bien la difficulté du maniement des statistiques. Or, nous vivons une époque très conflictuelle. Les polémiques de différentes natures font rage, argumentaires à l'appui, soutenues par des statistiques censées clore « définitivement » le débat. Mais dans les médias grand public leur origine n'est que rarement citée par les journalistes et autres débatteurs. On ne sait rien de leur fiabilité, même quand elles sont sérieuses, elles peuvent être sorties de leur contexte ou être l'objet d'une analyse insuffisante[204].

Il est tentant de rappeler la saillie de Winston Churchill : « Je ne crois aux statistiques que lorsque je les ai moi-même falsifiées ». En ce temps-là, le public, méfiant ou même « allergique » aux statistiques, adhérait volontiers, mais c'était une autre époque. Aujourd'hui les spécialistes chargés de collecter et d'analyser les données, ont fait des progrès considérables.

Beaucoup de ces statistiques sont aujourd'hui d'une grande qualité, tellement bien, qu'à l'inverse de l'époque précédente une partie du public est devenue crédule,

---

[202] L'Agence nationale de l'Habitat.

[203] Cité par M. Benisty dans Ouest-France du 12/08/2019.

[204] De nombreuses illustrations sont exposées dans l'ouvrage d'A. Houlou-Garcia et T. Maugenest, *Le théorème d'hypocrite*, avec le sous-titre, *Une histoire de la manipulation par les chiffres de Pythagore au Covid 19*, Albin Michel, 2020. A. Houlou-Garcia a été statisticien à l'INSEE avant d'enseigner dans une université italienne.

abandonnant tout esprit critique. Pourtant, il convient toujours de se méfier de certains usages qui en sont faits. « La raison d'être des statistiques, c'est de nous donner raison » soutenait malicieusement Abi Burrow.

Assurément ! Notre époque, encore plus que les précédentes probablement, en use et en abuse. Il convient de ne jamais l'oublier, à condition de ne pas jeter le discrédit sur la discipline. Il est tellement facile de passer d'un extrême à l'autre, une caractéristique de notre époque, affective, passionnée, exaltée quelquefois. Les statistiques ont beau être devenues des bases d'études incontournables pour les scientifiques de différentes disciplines et des sources d'information importantes pour éclairer l'opinion publique, leur utilisation n'est pas sans reproche. Le goût de la polémique, engendré par les conflits d'intérêts et de valeurs, légitimes ou non, n'a jamais quitté les scènes publiques où débattent des protagonistes dont le souci d'objectivité est rarement la première qualité.

Quoi qu'il en soit, l'économie française n'a pas réussi à se sortir de la crise. Quelles en sont les raisons ? Elles sont principalement à rechercher du côté des performances de son industrie, clé de voûte de l'économie nationale. En découlent de nombreuses conséquences.

Chapitre IX

« La descente aux enfers de l'industrie française »[205]

Une descente aux enfers, vraiment ? Car tous les analystes et chroniqueurs ne partagent pas cet avis, une controverse existe en la matière. Certains d'entre eux ont pu nier ou minimiser pareil constat. Le déclin de l'industrie serait un phénomène normal, l'ultime étape, envisagée à ce jour, du développement des économies les plus en avance. Mais cette thèse, très optimiste, a été depuis sérieusement remise en cause.

1. Un débat national surprenant : l'industrie française est-elle vraiment victime de la mondialisation ?

Pour tenter d'apporter une réponse à cette importante problématique, il paraît intéressant de restituer l'industrie hexagonale dans l'ensemble économique national et européen et dans le cadre d'une période plus longue (à partir de 1946), dans une perspective à long terme.

Un tableau d'ensemble, classique, des trois grands secteurs de l'économie va d'abord être présenté. La population du secteur primaire[206] (essentiellement l'agriculture) regroupait environ 70% de la population à la fin du 18ème siècle ; elle n'a guère cessé de diminuer depuis. Le repli s'est accéléré depuis 1946 (tableau 4 ci-dessous avec les explications jointes) ; c'est même un

[205] Titre emprunté à l'intéressant article de C. Sicard publié dans contrepoint.org du 19/10/2018. Cette formulation est celle qui paraît caractériser le mieux le destin de l'industrie nationale des quarante dernières années. François Bayrou n'a pas hésité à la reprendre à son compte comme le rapporte un article du Figaro : *L'industrie française est dans une situation critique*, lefigaro.fr du 20/12/2020. N. Goetzmann avait déjà utilisé une formulation voisine dans *Grand malade, 4 graphiques sur la descente aux enfers de l'appareil industriel français,* www.atlantico.fr du 5/09/2014. Ce titre a fait florès, puisqu'on l'a retrouvé depuis à la une de plusieurs articles de journaux.

[206] Les définitions sont données dans les notes du tableau 4.

véritable effondrement des effectifs qui est observé. Pourtant, grâce aux progrès stupéfiants de la productivité agricole, un tout petit nombre d'actifs satisfait bien les besoins alimentaires d'une population nationale en croissance. L'agriculture exporte même une partie de sa production, (les exportations nettes des importations), bien que celles-ci soient en décroissance, victimes elles aussi de la concurrence mondiale.

Tableau 5 : Structure de la population active française et son évolution de 1946 à 2017

	Secteurs en % de la population active		
Années	Primaire*	Secondaire**	Tertiaire
1946	36,5	29,3	34,3
1962	20,6	39,1	40,3
1976	10	36,3	53
2009	2,9	22** 13***	75
2017	2,7	20,3** 11***	75,9

Source, Insee dont Tableaux de l'économie française

Notes du tableau 4,

* dont 30% d'agriculteurs en 1946. Les effectifs du secteur incluent également les mineurs encore nombreux en 1946, les pêcheurs et travailleurs des forêts. Au fil des années, l'effectif du secteur primaire se rapproche de plus en plus de la population des seuls agriculteurs. La part de l'agriculture dans le PIB est proche de ce pourcentage.

**Total incluant l'industrie et l'ensemble des entreprises du bâtiment et des travaux publics (BTP).

***Effectif des entreprises de l'industrie au sens strict.

Le secteur tertiaire regroupe le reste de la population, regroupé dans un vaste ensemble hétérogène d'entreprises qui ne vendent pas de biens matériels à leurs clients. On y trouve pourtant des travailleurs manuels, comme les techniciens, employés des grandes entreprises de services comme la SNCF, ou encore les femmes de ménage et les cuisiniers de la restauration, pour ne citer que quelques exemples.

La population active du secteur secondaire a d'abord connu une croissance importante, tant en valeur absolue (le nombre total des salariés du secteur) qu'en valeur relative (la part en pourcents dans le total de la population active). Elle est la grande bénéficiaire de l'industrialisation du pays qui a connu un substantiel et salutaire rattrapage pendant les Trente Glorieuses. En pourcentage de la population active totale, le maximum est atteint en 1962. Par la suite, le nombre de salariés du secteur a continué d'augmenter mais moins rapidement que celle de la population active totale, au bénéfice du secteur tertiaire qui commença alors à connaître son véritable envol. Pourtant l'industrie a poursuivi son développement ; sa production augmente nettement plus vite que le nombre de ses salariés grâce aux progrès du machinisme[207]. Ce n'est donc pas alors un signe du déclin de l'industrie, mais un indicateur de sa capacité à créer de la richesse tout en économisant les ressources (efficience). La vitalité de l'ensemble n'est pas remise en cause.

Certains économistes en ont déduit qu'on allait normalement assister à un déclin inéluctable des effectifs industriels (à rapprocher du spectaculaire déclin des effectifs de l'agriculture). Entrainés par cette logique, ils prophétisèrent qu'une économie « post-moderne » allait devenir essentiellement une économie de services ; autrement dit, d'après eux, au terme de ce processus, ce secteur emploiera presque toute la population active. La productivité industrielle (production moyenne par salarié) sera de plus en plus élevée, libérant toujours plus de main-d'œuvre. En complément, se développera une délocalisation des vieux produits au sein des économies émergentes.

Bref, le déclin de la population industrielle sera un marqueur du degré de développement d'une économie. En

[207] Les machines remplacent une partie des salariés.

réalité, le déroulement effectif de l'histoire industrielle allait montrer que c'était plus compliqué[208].

Certes, comme pour l'agriculture, le déclin relatif des effectifs de l'industrie n'est pas forcément synonyme de déclin du pôle d'activité correspondant. Comment alors évaluer la santé de l'industrie ? Quatre indicateurs sont communément utilisés :

– d'une part, l'observation au fil des années de la croissance de la production industrielle globale permet d'évaluer le dynamisme du secteur ; en est déduit le poids relatif (en %) de l'industrie dans le PIB d'une période à l'autre.

– d'autre part, est comptabilisé le nombre de salariés de l'industrie et son pourcentage dans la population active totale. Les évolutions dans le temps sont enregistrées. Il convient ensuite d'observer les évolutions correspondantes des pays voisins par le développement.

Dès l'année 1975, un tournant est amorcé. Les effectifs industriels allaient diminuer non seulement en valeur relative mais aussi en valeur absolue. Cette réduction, lente au début, allait se précipiter à partir des années 1980. Les deux indicateurs, la production du secteur et ses effectifs de salariés suivent des mouvements parallèles. Le poids de la production industrielle dans le PIB national est passé de 35% en 1970 à 28% en 1980, 12.4% en 2014 et 12% en 2019.

Les comparaisons internationales permettent d'illustrer le creusement des écarts. En 2019, le poids de l'industrie dans le PIB atteignait encore 23% en Allemagne et 19% en Italie. L'examen de l'évolution des effectifs salariés est encore plus évocateur. Ils sont passés de 5,7 millions en 1980 à 2,8 millions

---

208 Claude Sicard dans un article de 2014 soutenait que « les économistes français ne se sont guère émus de cette dégradation [des effectifs de l'industrie]. … On se demande, poursuit-il, comment une telle méprise a pu se produire dans l'intelligentsia française et de surcroît pendant aussi longtemps », www.lemonde.fr, 21/01/2014.

en 2018 ; ce secteur a perdu la moitié de ses effectifs[209] en à peine quarante ans et n'emploie plus que 11% de la population active.

Ces constats suffisent-ils pour en déduire un effondrement de l'industrie elle-même ? Certains analystes minimisent l'importance de la diminution des effectifs[210]. En réalité l'industrie ne se porterait pas si mal. Confrontée à un bilan peu flatteur, une partie des élites, médias compris, est dans le déni. L'économie n'est pas si malade. La croissance n'a pas complètement disparu (les intéressés paraissent se contenter de peu). Le pourcentage des chômeurs diminue (en fait vraiment très lentement) et le plein emploi sera retrouvé (bientôt) dès que le taux de chômage officiel aura atteint un plancher de 5% ; il ne serait plus possible de descendre en dessous de ce taux. C'est ce que soutiennent certains chroniqueurs et même quelques économistes[211]. Pour mémoire, le taux de chômage, jusqu'à la fin

---

[209] D'un document à l'autre, d'une année de publication à une autre, les chiffres publiés par l'INSEE peuvent varier un peu. Il parait ainsi intéressant de se reporter aux documents publiés par France Stratégie (rattaché au Premier Ministre). L'un d'entre eux a été remis à l'Assemblée Nationale le 19 novembre 2020 sous le titre *Les politiques industrielles en France. Evolutions et comparaisons internationales.* Cette étude qui présente un diagnostic approfondi de la désindustrialisation en France affirme bien, dans un document présenté aux parlementaires, que le secteur a perdu la moitié de ses effectifs entre 1980 et 2019.

[210] Parmi quelques autres, peut être citée une étude de la Direction Générale du Trésor portant sur la période 1980-2007. Elle concluait que la croissance spectaculaire de la productivité d'une part et une importante réorganisation interne des entreprises industrielles d'autre part seraient les principales variables explicatives de la baisse des effectifs. D'après cette étude, la concurrence internationale ne serait responsable que d'une petite partie de la baisse des effectifs, soit 13% de 1980 à 2000, puis 28% de 2000 à 2007. L'industrie nationale ne se porterait donc pas si mal que cela. Source, www.geoconfluence.ins-lyon.fr, *Cause de destruction des emplois industriels en France d'après la Direction Générale du Trésor (1980-2007).* Cette conclusion a été reprise par plusieurs journaux.

[211] Une thèse voisine avait été soutenue aux Etats-Unis dans les années 1980 et 90 alors que le taux de chômage restait très élevé. Le

des années 1960, atteignait à peine 1%. Il faut supposer que le reliquat est constitué de paresseux (quelques-uns n'hésitent pas à le soutenir) et d'inadaptés aux exigences des employeurs et de la mondialisation ou encore qu'une partie des effectifs a trouvé des emplois dans l'économie « parallèle » ; au demeurant, ce serait déjà des dégâts importants.

Est ainsi instillée dans l'esprit des citoyens l'idée d'une France cheminant à petite vitesse, une allure devenue en quelque sorte normale, tout comme le chômage lui-même ; il paraît même périlleux de penser autrement ! Il convient de se plier à l'inexorable retour de la vieille normalité nationale[212].

Cette interprétation n'est sans doute pas celle du Président. Mais une partie des commentateurs, des économistes inclus, est manifestement très déprimée, tellement bien qu'elle en arrive à cette singulière interprétation ; en somme, il est devenu normal de baisser les bras.

En fait, comme l'a souligné, parmi d'autres, le journaliste Patrice Moyon, « Sur ce sujet il y a longtemps eu une forme de cécité collective ».[213] Nombre d'analystes reconnaissent volontiers aujourd'hui que l'industrie reste une composante vitale d'une économie ; certains d'entre eux cherchent néanmoins à minimiser son déclin. Les passions et même les intérêts ont pu l'emporter. Il ne fallait pas soutenir que la mondialisation était coupable. Il ne fallait pas non plus affirmer que les pouvoirs publics avaient pu faillir. Pourtant les faits paraissent intraitables. L'industrie s'est bien affaissée.

---

plancher du taux de chômage serait passé de 4% à 7 ou 8%. L'évolution ultérieure a démenti ce parti-pris.

212 N'a-t-elle pas des points communs avec celle du 19ème siècle ?

213 P. Moyon, *Réindustrialiser tant qu'il est temps*, Ouest-France, 3/01/2021.

2. Un constat accablant : l'industrie française est en Europe la principale victime de la mondialisation[214]

Les comparaisons internationales permettent de trancher le débat. Les tableaux 6 et 7 présentent un aperçu en la matière. La part de l'industrie, à la fois dans le PIB et dans le total de l'emploi, est nettement plus élevée en Allemagne ou même en Italie qu'en France (tableau 6). Sur ces bases, la part de l'industrie française est bien inférieure à celle de l'ensemble des pays de l'Union européenne (dernière ligne du tableau 6). L'importance dominante de l'industrie allemande et de son économie en Europe, apparaissent clairement (tableau 6).

Le tableau 7 montre de son côté la progression de l'industrie allemande entre les années 2000 et 2018. Sa marche en avant se poursuit et, soulignons-le, sa percée dans un cadre européen et mondial est clairement perceptible. L'Italie résiste. Les résultats de l'industrie française sont médiocres, 12% de croissance en 18 ans, une performance proche de la stagnation !

Tableau 6 : Poids de l'industrie dans quelques pays européens, 2019 (%)

Pays	VA (%) [1]	Emploi (%) [2]	Poids industrie/UE (%) [3]	Poids PIB /UE (%) [4]
Allemagne	23	20,6	30,6	24,7
Italie	19	20	11,2	12,8
France	12	13,3	10,3	17,4
Espagne	17	14		8,9
Union européenne	20	17,2		

Source, Eurostat, chiffres clés sur l'Europe, édition 2020, comptes nationaux annuels, chiffres clés de l'industrie manufacturière, édition 2020

[214] A l'exception de la Grèce.

Notes complémentaires du tableau 6 :

[1] VA : valeur ajoutée. Le calcul est le suivant, la somme des VA des industries manufacturières et autres industries est divisée par le total des VA de l'ensemble des activités marchandes et non marchandes (PIB) et traduit en pourcentages. Eurostat a calculé la part de l'industrie européenne dans le PIB de l'UE (dernière ligne)

[2] Pourcentage de l'emploi industriel dans le total de la population active par pays et, dernière ligne, pourcentage pour l'ensemble européen.

[3] Poids de chaque industrie nationale dans le total européen en pourcents.

[4] Poids du PIB national dans l'ensemble européen

Toutes les économies développées connaissent une baisse relative des effectifs de leur industrie, personne ne peut le nier. Mais, comme le remarquait déjà C. Saint-Etienne en 2011, ce phénomène affecte bien plus les pays déficitaires de la zone euro. « Le cas de la France est particulièrement spectaculaire. De 1999 à 2009, la part de la valeur ajoutée de l'industrie recule de 29% en France contre 9% en Allemagne ! »[215].

Le recul du poids relatif de l'industrie est lent au sein des pays les plus prospères ; l'Allemagne en est l'archétype. L'Italie elle-même se distingue de la France par le poids de son industrie qui de surcroit résiste nettement mieux à la concurrence internationale en dépit de problèmes que connait son économie (faiblesse de la croissance économique, déficit très élevé des dépenses publiques et autres fragilités)

---

[215] Op. cit. 2011, p. 61. Entre autres, lire aussi, E. Cohen, P.A. Bouygues, *Le décrochage industriel*, Fayard, 2014. E Cohen est directeur de recherche au CNRS.

Tableau 7 : La valeur ajoutée[216] de l'industrie (en milliards d'euros) et sa progression des années 2000 à 2018 dans les principaux pays européens (en milliards d'euros)

Pays	2018	2000	Accroissement
Allemagne	706	486	1,58
Italie	306	248	1,23
Royaume Uni	302	307	0,98
France	280	250	1,12
Espagne	194	121	1,6

Source, Eurostat, 2019, dans Tableaux de l'économie française, INSEE, 2020.

Un argument supplémentaire peut-être glissé ici. Il n'y a pas d'économie prospère sans industrie. Cette thèse est même soutenue par les autorités publiques françaises et européennes. L'industrie génère la plus grande part de nos exportations (75%) et la majeure partie de notre effort de recherche (78%). Par ailleurs, « l'emploi dans ce secteur est plus qualifié que la moyenne et il a un effet multiplicateur plus fort sur les autres emplois. On estime ainsi qu'un emploi y génère trois à quatre emplois hors industrie. »[217]. Une argumentation voisine peut être trouvée dans « Le rapport 2013 sur la compétitivité et l'emploi », une publication de l'Union européenne.[218] La Commission plaide en faveur d'un objectif d'une contribution de 20% de valeur ajoutée par l'industrie dans chaque pays de l'Union. Ce serait nécessaire pour que ce secteur « stratégique », estiment les experts, dynamise à nouveau les économies

---

[216] La valeur ajoutée est l'évaluation de la contribution de l'industrie au PIB.

[217] www.gouvernement.fr, rubrique infographie, 2/03/2015, source, Insee.

[218] *Sans industrie pas de croissance ni d'emplois*, www.europa.eu, 2014.

nationales. En 2012, pour l'ensemble de l'UE, ce taux n'atteignait en moyenne que 15% mais 12% pour la France. Les résultats plus récents sont meilleurs, 20% en 2018, mais pas pour la France (tableau 5). Visiblement, la France est un des mauvais élèves de la classe européenne. Dans le classement de 2012, l'industrie nationale occupait la 25ème place sur 28 ! D'après Claude Sicard[219], la France serait même en 2018 passée à l'avant dernière place des pays de l'UE[220] !

Les comparaisons internationales sont sans appel. Dans les pays qui ont bien résisté à la mondialisation, la décroissance de la part de l'industrie dans le PIB reste limitée dans le cadre de l'horizon temporel contemporain. C'est le cas de notre voisin d'Outre-Rhin. Mieux, son industrie, attaquée elle aussi par les concurrents étrangers, du Japon aux économies émergentes, a contre-attaqué avec succès en faisant évoluer ses produits vers le haut de gamme grâce à ses efforts de recherche-développement et d'investissements[221].

---

219 «*La France plombée par le déclin de son industrie*, Revue politique et parlementaire, 3/06/2020.

220 Le Royaume-Uni, qui n'est plus dans l'UE, ne fait pas mieux.

221 Certains chroniqueurs français ont soutenu que la supériorité industrielle allemande ne pouvait être que provisoire, à cause de l'insuffisance de leurs investissements dans la recherche et le développement. L'idée avait déjà été avancée dans les années 1970. Michel Rocard, parmi d'autres, le répétait encore au tout début des années 2000. Pendant ce temps, l'industrie allemande poursuivait ses avancées et investissait assez massivement y compris dans la recherche appliquée comme l'ont montré diverses études universitaires. Certains Français aiment prendre leurs désirs pour des réalités. Ils peuvent faire sourire. Surtout ces réactions en disent long sur la façon dont quelques-uns en France se consolent. En réalité les entreprises allemandes, un moment mises en difficulté, ont réalisé un véritable exploit en se mettant à niveau. Elles sont en Europe les triomphatrices de la présente étape de la guerre mondiale que se livrent les entreprises.

Au début des années 1970, le poids politique de la France était au moins égal à celui de l'Allemagne, encore handicapée par la guerre, même si le poids économique de notre partenaire était déjà un peu supérieur au nôtre. L'époque était encore à l'optimisme et la France rêvait d'un autre avenir, encouragée par les prévisions de l'Hudson Institute[222], réputé très sérieux. Ses experts estimaient que notre pays allait rattraper son retard, puis dépasser nettement son partenaire-adversaire allemand avant la fin du siècle, grâce aux progrès de sa base industrielle et à la supériorité de ses entreprises tertiaires.

En réalité, une nouvelle époque commençait. À partir de la fin des années 1970, le rêve commença à s'éloigner et l'accélération du déclin français, observée pendant les deux premières décades du 21ème siècle, a été assez stupéfiante. Malgré son ampleur, la désindustrialisation française n'inquiéta pas tout de suite certains experts. Quelques-uns se félicitèrent même de la marche de la France vers une « société post-industrielle ». La réalité est autre[223]; les deux partenaires du fameux couple franco-allemand ne jouent plus dans la même cours. La supériorité économique en faveur de l'Allemagne (le couple colonne vertébrale de l'Union) était évaluée à 60% à la fin de la décade 2010 ! Pour le moins, ce couple est devenu boiteux !

Une conclusion paraît s'imposer. L'industrie française est en Europe une des principales victimes du choc de la mondialisation. Michel Hau[224] analyse assez longuement son impact sur le tissu industriel national ainsi que les grandes différences entre les réactions des entreprises allemandes et françaises. Il présente les chocs avec ses trois vagues. Dans les deux premières, il dresse une longue liste

---

[222] Développé par M. Hau dans Revue française d'histoire économique, a.c., 2014.

[223] Thème davantage développé dans le chap. XI.

[224] a.c., 2014.

des victimes nationales. « Des pans entiers de l'activité industrielle ont disparu. »[225]. Il termine par la troisième vague débutée en 2002, « la plus longue et la plus dévastatrice ». Elle s'est déclenchée brutalement juste après « le miracle de l'an 2000 » dont j'explique assez longuement les causes et la fragilité[226]. Les avantages de la mondialisation, qu'il n'est pas possible de nier (le bénéfice/prix de beaucoup de produits de grande consommation par exemple), n'équilibrent pas, de très loin, ses inconvénients, contrairement à ce qu'ont pu affirmer quelques chroniqueurs, toujours prompts à défendre la mondialisation. Soulignons encore une fois que celle-ci est aussi une guerre impitoyable.

Au cœur de ce combat, guerroie avec brio l'entreprise Michelin. « Le choc a été très violent, a conclu son président. Nous n'avons pas connu ça depuis la Seconde Guerre mondiale »[227]. « Bibendum » a gardé sa place, au contraire de beaucoup d'autres compétiteurs.

En définitive, les dégâts sont considérables. ; soutenir que c'est « une descente aux enfers » n'est pas un abus de langage[228]. Examiner les conséquences qui résultent de cette déroute industrielle paraît indispensable dans le cadre de la problématique de cet ouvrage.

---

[225] M. Hau, 2014, a.c.

[226] A. Valleray, op.cit., 2017, pages 257 à 260.

[227] F. Menegaux, Entretien, Ouest-France, 7/01/2021.

[228] L'examen des 500 plus grandes fortunes françaises confirme de son côté cet état de fait. Le riche industriel n'est plus qu'une figure subsidiaire dans le club des plus fortunés. Analyse de J. Fourquet, J.L. Cassely, *La France sous nos yeux*, Seuil, 2021. L'ouvrage présente une radioscopie approfondie de notre pays, une contribution de premier plan.

Chapitre X

Les Français à l'épreuve de la crise économique

Le quasi-démantèlement de pans entiers de l'industrie a généré dans son sillage un dangereux affaiblissement de l'économie dans son ensemble[229] et à l'extérieur un affaiblissement de l'influence du pays. La première dimension va d'abord être présentée.

L'industrie reste l'épine dorsale d'une l'économie développée. Son déclin, contrairement aux espoirs nourris par certains observateurs, a affaibli le secteur des services. Claude Sicard en apporte une justification argumentée[230] dans un très intéressant article. Michel Hau abonde dans le même sens. En définitive, « Un mécanisme implacable semble mener de la désindustrialisation au sous-emploi structurel »[231]. A partir de là, les revenus et les consommations des Français ont été sérieusement affectés. Quant à l'Etat providence, s'il a résisté, l'exercice de ses missions n'en a pas moins été perturbé.

1. Désindustrialisation, et chômage de masse

Le chômage est la conséquence directe de l'effondrement de l'industrie et de la destruction d'emplois qui en résulte. S'enclenche ainsi « un cercle vicieux », car le secteur tertiaire est affecté par la perte de vitalité de l'industrie.

Les entreprises industrielles sont d'importantes clientes des entreprises de service. Que les demandes des premières déclinent, et le chiffre d'affaires des secondes s'en trouve

---

229 C. Sicard, *La France plombée par le déclin de son industrie*, Revue politique et parlementaire, 3/06/2020.

230 3/06/2020, a.c.

231 M. Hau, 2014, a.c.

affecté. Claude Sicard[232] a calculé qu'« il manque au secteur industriel un million huit cent mille travailleurs ». D'après lui, « Ils induiraient dans le secteur tertiaire pour le moins [la perte de] trois millions six cent mille emplois »[233]. La somme des deux donne 5 millions 400 000 personnes. S'y ajoutent les demandes de services adressées par les ménages. Or, le dynamisme de leur demande est impacté par le ralentissement marqué de la croissance de leur revenu. Dans des conditions idéales, « Il n'y aurait plus de chômage » conclut l'économiste.

La désindustrialisation est la cause directe et de la faiblesse du taux de croissance du pouvoir d'achat et du chômage de masse. C'est toute la machine économique qui s'en trouve gravement perturbée. Le manque à gagner est considérable. Davantage d'emplois génèrent davantage de production, donc une croissance sensiblement plus élevée du PIB. D'après les calculs de Claude Sicard, la perte annuelle de richesse serait de l'ordre de 350 milliards d'euros sur la base d'hypothèses raisonnables « même si c'est une estimation grossière »[234].

Un tel supplément de richesses aurait probablement évité à la fois l'augmentation des prélèvements obligatoires et celle de la dette (tableau 7 pour les prélèvements).

2. Désindustrialisation et pouvoir d'achat

Le secteur des services ne peut voler au secours de l'économie nationale en dépit des espoirs de quelques-uns. Bien au contraire, les destructions d'emplois des entreprises industrielles ont un effet dévastateur sur l'activité des entreprises de services.

---

[232] 2020, a.c.

[233] Des économistes ont calculé qu'un emploi dans l'industrie génère au moins deux emplois dans le tertiaire ; le phénomène inverse est induit par la destruction d'emplois.

[234] 2020, a.c.

Les destructions massives d'emplois[235] ne peuvent qu'engendrer une baisse de la masse salariale en dépit des allocations chômage ; les demandes des ménages en sont impactées et donc le dynamisme de l'économie. En définitive, les revenus progressent de plus en plus lentement[236].

Ce freinage est renforcé par l'évolution des salaires individuels sur le marché du travail. Ceux-ci augmentent de moins en moins vite pour au moins deux raisons :

– d'une part, avec la fin du plein emploi l'offre de travail (par les travailleurs) est devenue supérieure à la demande (par les entreprises).

– d'autre part, les salaires nationaux dans tous les pays (mais à des degrés divers, en fonction des dynamismes différenciés des économies) subissent l'influence de ce qu'on peut appeler un marché mondial du travail. Incontestablement les rémunérations appliquées au sein des pays émergents pèsent sur le niveau des salaires nationaux.

Dans ce contexte, la politique très active de la BCE, en matière de croissance de la masse monétaire ne réussit ni à favoriser la croissance des salaires (ou bien peu) ni même à élever l'augmentation des prix (un objectif pas vraiment secret). La concurrence mondiale sur les marchés nationaux

---

[235] Cf. les calculs de C. Sicard

[236] Et les moyennes dissimulent certaines particularités comme la baisse sensible (de 10 à 20%) des salaires de début de carrière observée à partir des années 1980 notamment dans le champ des services. Quant aux rémunérations des plus pauvres (de 20 à 25% de l'ensemble), elles progressent moins vite que la moyenne. Source, Louis Chauvel, France 2012, OFCE et du même auteur « La spirale du déclassement, essai sur la société des illusions », Le Seuil, 2016. Pour les salaires de début se reporter aux intéressantes études du Céreq, dont Bref, octobre 2019, *Des débuts de carrière plus chaotiques pour une génération plus diplômée. En 20 ans le salaire médian des bacs+5 a perdu plus de 200 euros par mois.*

du travail d'une part et sur celui des produits d'autre part est bien trop puissante.

Et puis il n'y a pas que la Chine et autres pays lointains, existent aussi des pôles actifs de concurrence par les salaires au sein de l'UE. Prenons l'exemple de la Pologne, les rémunérations y sont quatre fois moins élevées expliquait Florent Menegaux, le président de Michelin[237]. Grâce aux écarts de salaires entre les deux pays, le coût des pneus fabriqué là-bas est réduit de 20%[238]. La concurrence par les bas salaires bénéficie à de nombreux pays dans ou hors de l'UE (avec la complicité d'entreprises des pays victimes du phénomène). Pour notre champion national du pneu, le choc de concurrence a été (et est encore) violent ; il l'est tout autant pour toutes les entreprises exposées au

---

237 Ouest-France, Entretien, 7/01/2021

238 En 2005, un singulier débat a agité, enflammé même le microcosme avec « l'affaire des plombiers polonais ». Des porte-paroles de la profession, encouragés par certains chroniqueurs et hommes politiques, ont vigoureusement protestés « sous l'œil » des médias qui ont généreusement relayé l'information ; les professionnels Polonais risquaient de concurrencer très gravement les plombiers nationaux dans le cadre des nouvelles règles de concurrence instituées par l'Union. L'opinion publique commença à s'enflammer. Les pieux esprits se sont abondamment moqués, non sans raison.

Il n'empêche, la menace, bien plus sérieuse, est souterraine. Des usines s'en sont allées là-bas ; c'est moins loin qu'en Chine (parmi d'autres concurrents). Un autre exemple parait intéressant à citer. Les transporteurs, principalement polonais, ont chassé les entreprises hexagonales des marchés des transports internationaux du nord et de l'est de l'Europe. Certains de ces camions sont conduits par des chauffeurs ukrainiens très faiblement payés, 20 € par jour et par chauffeur sur la base d'un exemple que j'ai collecté en 2013. Ils roulent, hors phases de chargements et déchargements, avec deux chauffeurs qui se relaient nuit et jour. Ce n'est semble-t-il qu'à partir de 2018 ou 2019 que la presse a commencé à s'intéresser à cette singulière question. A titre d'exemple, André Thomas, *Bientôt la fin des forçats des camions ?*, Ouest-France, 18/12/2019, ou encore Thierry Richard, *Nino tient la route face aux camions des pays de l'Est*, Ouest-France, 1/04/2019.

grand vent du large. « Bibendum » a beau avoir concédé du terrain, en définitive il a fait mieux que résister[239], mais en installant de nombreuses usines à l'étranger ; seuls 17% de ses salariés travaillent dans l'hexagone. Les centres de production du groupe établis à l'extérieur du pays vendent certes à la clientèle étrangère sur plusieurs continents, mais aussi beaucoup aux clients français. La majorité des entreprises nationales n'a pas si bien résisté. Beaucoup de celles qui ont gardé la « tête haute » ont dû délocaliser elles aussi, souvent massivement et pas uniquement dans le textile[240].

En résumé, cette concurrence mondiale freine la croissance des revenus des ménages en activité. Le nombre élevé des chômeurs de son côté réduit la masse salariale en dépit des allocations relativement généreuses accordées par nos pouvoirs publics. Moins de revenu génère mathématiquement moins de consommation, d'autant moins que les consommateurs préfèrent les produits fabriqués à l'étranger.

Rappelons encore que la demande (achats de biens d'investissements et autres services) est aussi alimentée par

---

[239] La deuxième entreprise mondiale sur le marché des entreprises des pneumatiques.

[240] Par exemple, Renault, un des fleurons de notre industrie de l'automobile, a pu faire travailler jusqu'à un peu plus de 80 000 salariés en France au début des années 1980 ; ils ne sont plus que 40 000 aujourd'hui (2021). *Chute vertigineuse de la production automobile française*, titrait Capital le 23/11/2019 : La France était seconde en Europe en 2011, elle n'était plus qu'au cinquième rang en 2016. Les délocalisations sont allées bon train à destination de plusieurs pays européens dont la Pologne, quelques autres pays de l'Est européen et un peu plus loin la Turquie. « Pour servir les marchés locaux mais aussi pour réexporter vers la France ». Dans le textile, le plus souvent, il n'y a plus de salariés de production en France, ne restent que les fonctions support (recherche, marketing, commercialisation etc.). Nos entreprises, les survivantes, ne vivent (quelquefois fort bien) qu'à cette condition.

les entreprises elles–mêmes ; du fait de la désindustrialisation cette dernière régresse.

La mondialisation a donc des effets directs et indirects sur la progression du pouvoir d'achat et sur la croissance de la production nationale.

Quel est alors l'impact de ces évolutions sur les consommations des Français ?

3. La crise économique et les consommations des Français

La croissance de la consommation nationale découle de celle des revenus distribués. Contrairement aux Etats-Unis, les Français n'ont que peu diminué leur effort d'épargne pour pouvoir consommer plus. Les développements suivants vont privilégier l'évolution des dépenses alimentaires depuis la fin de la Seconde Guerre mondiale pour mettre en évidence l'impact de la crise commencée en 1975 et les conséquences sur la stratégie des distributeurs et la vie des agriculteurs.

L'évolution des dépenses alimentaires des Français depuis la fin de la Seconde Guerre mondiale

L'évolution de ces dépenses depuis 1950 peut fournir une illustration des transformations passées mais aussi des difficultés présentes. Ce rapide retour en arrière donne un éclairage sur deux époques (les Trente Glorieuses suivies par l'époque de crise contemporaine) et apporte une illustration du chemin parcouru. La crise, qui n'en finit plus, oblige les ménages à effectuer des arbitrages au détriment des dépenses alimentaires.

Jusqu'à la fin des années 1940, les ménages consacraient au moins la moitié de leur revenu aux dépenses alimentaires (49% en 1950)[241]. Ce pourcentage a par la suite

---

[241] INSEE, voire même un peu plus sur la base de certaines sources.

progressivement diminué[242] et assez rapidement dans un premier temps (38% en 1960), puis plus lentement, si bien que cet ensemble de dépenses n'atteint plus en moyenne que 20% du revenu des ménages « aujourd'hui »[243]. On se souvient que, pendant les Trente Glorieuses, le pouvoir d'achat des habitants augmentait rapidement, de 3.5 à 4% par an. Les dépenses alimentaires progressaient moins vite[244], mais suffisamment pour permettre aux ménages de mieux s'alimenter[245]. Cette baisse relative a d'abord été un indicateur de la progression du niveau de vie. Il devenait possible à la fois de mieux se nourrir, de s'équiper et de se distraire.

Le freinage progressif de la progression du pouvoir d'achat à partir de 1975 a entrainé dans son sillage celui des dépenses alimentaires. Comme le note le rédacteur de l'INSEE[246] « En cinquante ans, la consommation alimentaire par habitant a malgré tout augmenté en volume mais moins rapidement que les autres dépenses »[247].

---

[242] *Cinquante ans de consommation alimentaire des Français, une croissance modérée mais de profonds changements*, INSEE a.c. 9/10/2015.

Pour la période 1950-960 consulter par exemple Economie rurale, J. Daumard, *Les transformations de la consommation alimentaire des Français en vingt ans*, 1969, pp 129-135.

[243] Si l'on inclut les dépenses dans les cafés et restaurants. Le pourcentage des consommations à domicile était de 13% (INSEE, 2018).

[244] Environ une croissance des deux-tiers de la croissance des revenus individuels.

[245] Même si la qualité de certains produits a pu baisser. L'essor de la vente des poulets de batterie à partir de la fin des années 1950 en est un exemple emblématique.

[246] a.c. de l'INSEE, 9/10/2017.

[247] A ce sujet, un contresens est quelque fois commis (par des étudiants par exemple). Depuis 1975, les dépenses alimentaires par personne ne baissent pas, elles ont continué d'augmenter (jusqu'en 2007), mais moins vite que le revenu, ce qui a généré une baisse du rapport dépenses alimentaires/revenus.

Pendant les Trente Glorieuses les dépenses alimentaires progressaient au taux de l'ordre de 3% par an. Cette progression n'a cessé de décliner, 2,5% dans les années 1970, puis 2% dans les années 1980, 1,5% de 1996 à 2007[248]. Ce freinage de plus en plus marqué allait impacter les choix des consommations notamment dans le champ alimentaire. Le temps des économies, voire même des restrictions pour les ménages les moins aisés, était de retour.

La crise économique, les choix des ménages, la stratégie des distributeurs et les problèmes de l'agriculture

Les réactions des ménages ont eu un impact sur la stratégie des grands distributeurs et ce sont les agriculteurs qui en paient le prix.

Pour les ménages, au moins deux facteurs contribuent à expliquer l'évolution des quarante dernières années :

– d'une part, les revenus ont eu tendance à progresser moins vite que l'expression des besoins. « La croissance de l'offre de nouveaux produits et services des nouvelles technologies de l'information [notamment] intensifie ce phénomène d'arbitrage des différents postes de consommation »[249]. Autrement dit, les ménages au revenu modeste ont fait des choix au détriment des dépenses alimentaires.

– d'autre part, depuis les dernières années du 20ème siècle, les dépenses engagées et contraintes (entrainées par les hausses de coût des logements, mais aussi de l'eau, du gaz, de l'électricité) ont augmenté plus rapidement que les revenus. Leur part a ainsi augmenté sensiblement : 35,6% en 1992, 35,7% en 2007, 39% en 2017[250]. Quelques données sont présentées dans le tableau 8.

---

248 CREDOC, synthèse des baromètres CREDOC sur l'alimentation, 12/12/2008.

249 Même source que ci-dessus.

250 L'Observatoire Cetelem dans Ouest-France du 29/01/2020.

Cette augmentation des dépenses contraintes entraîne « une baisse de consommation du superflu qui se traduit par une baisse de consommation des produits à image/prix élevée »[251]. Dans le domaine alimentaire, il est même possible de soutenir que, pour de nombreux ménages, l'alimentation a cessé d'être prioritaire et est devenu un poste résiduel ; le budget correspondant est donc ce qui reste après les autres achats et remboursements d'emprunts et ce « reliquat » a eu tendance à se contracter[252].

En résulte, entre autres exemples, une baisse de fréquentation des hyper et supermarchés à l'approche des années 2010 au bénéfice du hard-discount. Les premiers nommés ont bien compris la situation. Il fallait des prix bas pour satisfaire les contraintes budgétaires des ménages modestes et attirer les clientèles. La bataille pour la réduction des prix a fait rage avec assez souvent une incidence sur la qualité de certains produits. C'est un combat de mastodontes[253]. Une partie de bras de fer est engagée entre les centrales d'achat et les fournisseurs. La puissance des principaux distributeurs est devenue telle que même les grands industriels de l'agro-alimentaire ont dû faire des concessions en matière de prix, perdant même de temps à autre des batailles. Quant aux entreprises plus petites (les PME), elles vivent ou survivent grâce à des

---

Anne-Aël Durand a publié une analyse plus exhaustive sous le titre, *1968-2018 : logement, consommation, études... Comment la France a changé en cinquante ans*, www.lemonde.fr, 21/05/2018.

[251] Les deux dernières citations dans, *Synthèse des baromètres sur l'alimentation,* du CREDOC, 12/12/2008.

[252] A mon avis, au moins 50% des ménages est concerné peu ou prou, surtout le dernier quintile (les 20% les moins favorisés).

[253] Les grands compétiteurs ne sont pas nombreux. Cette guerre des prix n'a que modérément impacté leur rentabilité. Néanmoins, leurs actionnaires n'ont sauvegardé qu'une partie de leurs exigences en la matière qui sont élevées ; c'est ainsi que le prix des actions de Carrefour exposé au grand large des marchés financiers internationaux a baissé nettement.

marges de profit plus faibles, une ligne de distinction entre deux capitalismes.

Tableau 8 : Evolution des dépenses dans le budget des ménages, présentation synthétique

Années	1992	2007	2017
Dépenses de loisirs ***	17,4	17,7	17,4
Dépenses arbitrales *	42,7	40	39
Dépenses contraintes **	35,6	37,5	39

INSEE

Notes relatives au tableau :

*Ces dépenses comprennent, l'alimentation, l'habillement, les meubles, les transports. Ce sont des dépenses qu'il est possible de réduire si le budget est insuffisant.

** L'intitulé complet est : dépenses engagées et contraintes (logement, eau, gaz, électricité, santé). Comme l'intitulé le suggère ces dépenses sont très difficilement compressibles.

*** Ces dépenses, ou certaines d'entre elles, sont devenues prioritaires dans les choix budgétaires des consommateurs.

En amont de la chaîne alimentaire œuvrent les producteurs paysans. Leur pouvoir de négociation est faible, voire insignifiant. Ils ont fait les frais de cette guerre des prix et la qualité de certains produits aussi. Les subventions de l'Union européenne ont pu leur être d'un grand secours, mais elles baissent[254] et contribuent à nourrir un malaise paysan ponctué de flambées de révoltes violentes. En fait, l'Union européenne de son côté a favorisé la concurrence par les prix entre producteurs paysans[255].

Les agriculteurs ont ainsi été pris entre deux feux. D'un côté, la concurrence entre les agriculteurs européens et même non européens est devenue plus pressante. De l'autre,

---

[254] En substance, débrouillez-vous tout seul.

[255] O. Allain, *Agriculture : erreurs impardonnables de l'Europe*, Ouest-France du 21/07/2015.

la pression à la baisse des prix exercée par les industriels et distributeurs a fait des ravages chez les exploitants les plus faibles. Les pouvoirs publics ont voulu jouer les modérateurs (2019/2021) avec une efficacité limitée. La pression sur les prix reste forte. La prochaine étape sera-t-elle celle d'importations agricoles plus massives venues de pays et de continents qui favorisent les prix bas, souvent aux dépens de la qualité des produits mais aussi de leur environnement naturel ? Les nouveaux accords de libre-échange entre l'UE et le continent américain[256] ne peuvent que favoriser ce mouvement[257].

Opter pour une « stratégie » de qualité[258] dans la mouvance de la mode, conçue à la hâte par des technocrates français ou bruxellois peu au fait des difficultés, n'est probablement pas à la portée de tous les agriculteurs français ni à la portée de toutes les bourses des consommateurs. En fait, les pouvoirs publics ne paraissent pas avoir de stratégie claire pour guider les professionnels, et les autorités européennes encore moins.

Au demeurant, la rationalité économique n'est qu'une dimension qui inspire les opinions qui fleurissent dans les médias ou chez les porte-paroles des partis politiques et mouvements écologiques qui donnent volontiers dans la surenchère. « L'agriculture est devenue un champ de

---

[256] Les partisans de ces accords dégainent à nouveau le vieil argument éculé « Tout le monde sera vainqueur » dont on connait trop bien les limites. Il y aura des vainqueurs et des vaincus et il n'y a pas besoin d'être grand clerc pour soutenir que des contingents de paysans français risquent de faire partie des vaincus.

[257] « Le processus d'intégration par les marchés… enfoncerait en fait les agriculteurs dans l'impasse. Pour en sortir, il faudrait sortir de la 'religion' intégriste des marchés… ». Extrait de l'article : *Agriculture : pour sortir de l'impasse*, du professeur Marc Humbert, économiste, université de Rennes 1, dans Ouest-France du 27/01/2016.

[258] Monter en gamme n'est pas en soi critiquable, mais n'est qu'une partie de la solution ; c'est pourquoi le mot stratégie est mis entre parenthèses.

bataille. Le lieu où se réinventent les idéologies, une terre d'engagement, de projection parfois fantasmée autour de la nature dans un monde en panne de sens » soutenait en 2019 Patrice Moyon[259], très inspiré, dans un article non conformiste, il y en a si peu !

Toute cette transe, qui n'épargne pas les pouvoirs publics, n'aidera pas les intéressés à bâtir leur stratégie ! La question paysanne est loin d'être résolue. La problématique correspondante sort du cadre de cet exposé. Mais, les effets pervers qui risquent d'en résulter pourraient venir s'ajouter aux remous qui agiteront la France dans les décades à venir… de l'orage encore et l'ombre du déclin toujours[260].

Le mouvement de compression des dépenses alimentaires présenté ci-dessus a-t-il marqué une pause à partir des années 2010 comme le soutiennent certains commentateurs ?[261] Probablement, encore convient-il de rappeler que le pouvoir d'achat du plus grand nombre des ménages a stagné pendant presque toute la décade et les dépenses alimentaires également (contrairement aux périodes précédentes). L'effort d'économie alimentaire

---

[259] *Le glyphosate et après…*, Ouest-France du 20/05/2019.

[260] Ex., P. Moyon, *Agro-alimentaire : la France décroche*, Ouest-France du 11/07/2019. Ce décrochage (solde commercial de la France avec l'UE pour les produits agricoles et agroalimentaires) est devenu préoccupante à partir de 2009.

[261] Synthèses des baromètres sur l'alimentation des Français du CREDOC. L'article suivant est également digne d'intérêt : *Le modèle alimentaire français résiste et se réinvente*, www.zediet.fr, 26/11/2020. Il rapporte les principaux enseignements d'une intéressante enquête de la Fondation Nestlé France pour l'Observatoire Alimentation et Familles. On peut lire que les trois-quarts des Français portent une grande attention à leur alimentation, à une offre de qualité et saine. Mais « Le prix constitue le principal frein au désir de bien manger. Près d'un français sur deux (47%) considère que c'est trop cher de bien manger. Le prix est un objet de préoccupation majeur. … Les promotions constituent un facteur de choix privilégié devant la qualité des produits ».

s'est donc poursuivi. Cependant les mouvements d'opinion en faveur de la qualité ont probablement joué un rôle en faveur de ces dépenses. Au demeurant, une partie des ménages (une petite moitié (?), à des degrés divers) a les moyens de préférer la qualité en en payant le prix.

Cela n'élimine pas un constat de base, la majorité des Français doit faire des sacrifices aux dépens de ses dépenses alimentaires. En 2020, le revenu médian[262] par salarié atteignait 1789 euros par mois, autrement dit la moitié de la population salariée gagnait moins de 1789 euros (en 2017 ce montant atteignait 1700 euros). « Nous entrons dans une nouvelle ère de dé-consommation » concluait imprudemment une rédactrice d'Ouest-France[263]. Une « dé-consommation », peut-être, mais le plus souvent étrangère aux exhortations de certains leaders d'opinion. Le discours alimentaire d'une partie des membres de l'élite est très éloigné de la réalité du terrain.

Ces dépenses n'ont pas été les seules à faire les frais de la crise économique devenue plus sévère encore pendant la décade des années 2010. Les vêtements masculins, encore plus depuis une dizaine d'année, sont l'objet d'un phénomène d'économies remarqué, en dépit des baisses spectaculaires de prix générées par les importations venues de Chine principalement. Quelques enseignes grand public en ont fait les frais. De surcroit, dans ce secteur, un marché de l'occasion des vêtements féminins est en train de se constituer rapidement, encouragé par le discours ambiant favorable. Certains leaders d'opinion sont animés par de pieux sentiments et du côté des acheteurs le snobisme a sa

262 La médiane a le grand avantage d'offrir une représentation concrète au contraire de la moyenne qui n'est qu'une construction arithmétique artificielle

263 C. Violette, *Le consommateur français de plus en plus exigeant*, Ouest-France du 29/01/2020. Le titre de l'article, peut-être inspiré par une mode intellectuelle, est un contresens dans le contexte qui vient d'être exposé.

part probablement. Mais la majorité (pas toujours silencieuse) n'a guère le choix et profite sans modération des opportunités d'achats à bon marché. Dans d'autres domaines, il n'y a qu'à observer les échanges (presque silencieux) de produits d'occasion effectués par l'intermédiaire du Bon Coin et qui concernent des gammes variées de produits. Dans un autre secteur du paraître, certains coiffeurs pour dames des quartiers populaires ont dû faire des efforts en adaptant leurs prestations et leurs prix. Ce ne sont là que quelques exemples glanés au fil de l'actualité. Bref, les temps sont durs et il ne faut pas s'étonner de la montée des mécontentements.

Pendant que les Français économisaient, les dépenses publiques augmentaient de façon impressionnante.

Chapitre XI

L'Etat-providence à l'épreuve de la crise économique

Le capitalisme à la française avait été mis en place après la Libération. Etait né un système hybride qui allait permettre à l'Etat de jouer un rôle central dans le fonctionnement de l'économie. Il reposait sur **trois piliers**. Le pouvoir central devint le co-pilote de l'économie aux côtés des entrepreneurs et des banquiers ; son pouvoir économique devint alors au moins aussi grand que celui des décideurs du secteur privé. **L'Etat** devenait **stratège**, une mission essentielle et originale.

En plus, a été mis en place un **Etat providence** relativement original.

Ces deux grands pôles d'activité qui s'ajoutaient aux missions régaliennes ancestrales[264] ont nécessité à la fois le drainage de capitaux considérables (que peut aussi utiliser le stratège pour réguler les activités économiques[265]) et le recrutement d'un nombre élevé de fonctionnaires. De ce fait, les décideurs publics devenaient des **gestionnaires** et des **managers** de premier plan.

Ce capitalisme-là n'a pas survécu aux changements économiques. La première mission n'a pas résisté à la montée de la mondialisation et tout autant au renforcement des missions de l'Union européenne. Les « règles du jeu » qui favorisaient les entreprises publiques étaient contraires à la philosophie mise en place par l'Union inspirée par le libéralisme ambiant.

---

[264] Celles qui fondent l'existence de l'Etat depuis des siècles, notamment la création et le contrôle de la monnaie, la justice, la sécurité intérieure et extérieure du territoire.

[265] Jouent le rôle d'accélérateur ou de frein sur la croissance économique.

Du premier pilier (l'Etat stratège) n'a survécu que la bureaucratie[266] (le gouvernement par la règle), la survivante de la mission précédente. Encore peut-on remarquer qu'elle est de plus en plus envahissante et intrusive même.

La deuxième mission par contre a fait mieux que survivre ; à cause de la crise économique elle a entrainé la mobilisation de capitaux de plus en plus considérables. Malmenée, critiquée, elle a néanmoins été sauvegardée pour l'essentiel.

Par ailleurs, l'Etat est plus que jamais un gestionnaire et un manager, les seules missions qui lui reste, ont soutenu quelques-uns. C'est oublié l'Etat providence, survivant du capitalisme inventé à la Libération.

1. La crise a généré un effort budgétaire public considérable

Les prélèvements obligatoires[267] « n'atteignaient que » 30,3% en 1970 ; ils progressaient déjà lentement. Le rythme a changé assez brusquement à partir de 1975. L'accélération est induite d'une part par le ralentissement de la croissance du PIB, et surtout par la croissance des dépenses engendrée par la crise économique.

D'un côté, l'affaiblissement du taux de croissance du PIB engendre une progression plus faible des recettes fiscales. De l'autre, la crise a provoqué une formidable augmentation de dépenses publiques. Pour soutenir l'activité économique, l'Etat dépense davantage[268]. Surtout, la crise engendre de nombreuses victimes que l'Etat

---

266 Mais la bureaucratie est également le principal outil de management de l'importante fonction publique.

267 Les différents impôts du pouvoir central, des collectivités territoriales et les prélèvements sociaux (les cotisations sociales, maladie, chômage, retraite etc.).

268 La dépense publique par son importance est une des composantes des demandes adressées aux entreprises.

protecteur indemnise[269]. Citons sans épuiser la liste, allocations chômage, soutiens aux reconversions, aides aux entreprises en difficulté ou encore aides spécifiques aux personnes vulnérables situées dans le dernier quintile (20%) des plus pauvres. En est résulté une impressionnante progression des prélèvements obligatoires dans le PIB depuis 1975 (tableau 8). Pour ces deux raisons, les prélèvements fiscaux augmentent.

Mais les besoins sont tels que les augmentations d'impôts ne suffisent pas. Une partie des dépenses doit être financée par l'emprunt. Les pouvoirs publics n'ont pas voulu faire porter toute la charge sur les contribuables. La montée de l'endettement public est devenu chronique à partir de la fin des années 1970 : 21% du PIB en 1980, 98,1% à la fin de l'année 2019 pour faire un bond et atteindre 121% à la fin de l'année 2020.

Cette ponction pèse sur le développement économique. Les entreprises ont moins de ressources pour investir et financer leurs efforts de recherche. Les ménages disposent de moins de revenu pour procéder à leurs achats de consommation.

Quant à la dette, elle est l'objet de nombreuses polémiques. Les dépenses non financées d'aujourd'hui seront payées par les générations futures. Et ce n'est pas le pire. Qu'arriverait-il si les taux d'intérêt, « aujourd'hui » très faibles, venaient à augmenter fortement ? La situation deviendrait ingérable et provoquerait une grave crise. Le débat continue[270] mais n'est pas l'objet des présents développements. L'impressionnante progression de la dette est la conséquence de la longue crise économique française qui se prolonge depuis quarante-cinq ans.

---

[269] Cela peut paraître insuffisant pour certains bénéficiaires, mais globalement, les pouvoirs publics français sont relativement généreux.

[270] Parmi bien d'autres : *Plus ou moins de dette publique en France ?*, article publié sur le site www.ofce.sciencespo.fr, 27/01/2021.

Tableau 8 : Poids des prélèvements obligatoires en France en pourcentage du PIB

Années	%
1960	30,3
1970	33,6
1975	35,1
1980	39,6
1999	44
2009	41,9
2019	42

Source, INSEE, comptes nationaux, base 2014, « chiffres clés », publié le 29/05/2020 et Informations rapides, n° 73 du 25/03/2020
Notes du tableau 8, Les libéraux (défavorables au choix des missions actuelles de l'Etat au sein de l'économie) communiquent des données qui avantagent leur thèse. Par exemple, certains organismes rattachés à la sphère publique ont des recettes propres, fruits des services rendus payants (ventes et revenus de la propriété, 109 milliards en 2019) ; ces gains ne constituent pas des prélèvements obligatoires. Pour cette raison, en incluant ces montants le total des recettes publiques atteignait 52,6% en 2019, pour 45% de prélèvements obligatoires. Des commentateurs préfèrent mettre l'accent sur les secondes qui gonflent les chiffres. Ce sont souvent les mêmes qui mettent en lumière les dépenses publiques (55,6% en 2019 plus élevés que les prélèvements grâce aux emprunts) sans le préciser.

2. La crise économique et le sauvetage de L'Etat providence : conséquences sur le fonctionnement des services publics et sur la vie des Français

En dépit de cet endettement et de la croissance des prélèvements obligatoires, un des plus élevés au monde, l'Etat régalien éprouve de grosses difficultés à faire face à ses engagements.

L'essentiel a pu être préservé non sans difficultés et choix douloureux. Vont être présentés quelques exemples des dégradations qui en résultent. Le propos n'est pas ici d'effectuer des développements qui, pour chacun d'eux, pourrait être l'objet d'un fascicule. Mais un état des lieux même succinct des principaux domaines publics permet de donner une idée des difficultés et des situations parfois explosives qui s'accumulent et qui pèsent sur l'avenir. Dans certains cas en résultent des problèmes non résolus qui pourraient ressembler à des bombes à retardement, dans d'autres des enlisements dans des difficultés difficiles à surmonter.

Certaines des fonctions sont au cœur des missions régaliennes de l'Etat[271]. D'autres résultent des choix de l'Etat providence comme la santé, mais aussi les retraites, le logement, ou même la question des banlieues, importante pour la cohésion nationale.

« *Le pôle régalien de l'Etat français est branlant* » soutient abruptement l'économiste Nicolas Bouzou. Il paraît difficile de récuser ce jugement. Au cœur du régalien se trouve la justice. L'insuffisance chronique de moyens budgétaires du système de justice nationale est bien connue. Pour ne prendre qu'un exemple, le budget par habitant consacré à la Justice par la France était en 2018 presque précisément la moitié (52%) du budget allemand[272]. La France est à la traine comparée à la plupart des pays européens développés (y compris l'Espagne). « La justice souffre … d'un sous-financement honteux … Notre pays cumule en conséquence un très faible nombre de tribunaux, de procureurs et des salaires de magistrat particulièrement bas » soutient Nicolas Bouzou[273]. Robert Badinter sur l'antenne de France-Inter[274] le reconnaissait bien

[271] Missions sans lesquelles l'Etat n'existerait pas et qui sont exercées depuis des siècles.

[272] Source, Cepej, *Commission européenne pour l'efficacité de la justice*, cité par Ouest-France du 27/10/2020.

[273] *Un Etat régalien qui crie famine*, l'Express, 23/07/2020. Nicolas Bouzou est économiste et essayiste.

[274] France Inter, Matinale, 10/03/2021. Le système judiciaire français est sous forte tension comme l'illustre le mouvement de protestation du 15/12/2021.

volontiers. Pour autant, la Justice française reste d'une très bonne qualité soutenait l'ancien Garde des Sceaux. Elle n'en subit pas moins des retards difficilement admissibles dans le déroulement et le rendu des verdicts.

La justice n'est certes pas le seul domaine régalien atteint par l'insuffisance des ressources. Pour faire court, citons Jérôme Fouquet « Les Français constatent depuis des années l'état déplorable des commissariats, des prisons… la paupérisation d'une partie de la fonction publique… »[275]. Ces domaines ne sont pas les seuls à faire les frais de la crise.

Le système de santé sur le fil du rasoir

L'attention portée à la protection de la santé des Français est maintenant un des pôles important de l'exercice de l'Etat providence. Dans les années 1970, alors que les populations avaient pris l'habitude de mieux se soigner et que leur vieillissement s'annonçait (augmentation du nombre des plus de 60 ans en pourcentage de la population totale), la progression des dépenses de santé commençait à inquiéter une partie des responsables et autres veilleurs. En réponse, des chroniqueurs et théoriciens avaient soutenu que ces dépenses obéissent à une loi de progression assez strictement déterminée, une loi d'airain en somme, avec un taux de croissance[276] estimé à 6 ou 7% l'an, (un taux un peu supérieur à celui du PIB de l'époque) ; impossible de faire moins.

Puis est venue la crise avec des taux de croissance des revenus des ménages divisés par deux, puis par trois et enfin par cinq ou six dans les années 2010. Eh bien, les pouvoirs publics ont réussi à casser cette « fameuse » loi d'airain, divisant le taux de croissance de dépenses de santé de la belle époque par deux, puis par trois et même par sept en fin de période ! Le taux de croissance annuel de ces

[275] Entretien au journal Ouest-France, 31/12/2020.

[276] Net de l'augmentation des prix.

dépenses n'était plus que de 1,7% entre 2008 et 2013[277] ; il a même été ramené à 0,8% de 2013 à 2018, bien loin des taux « incompressibles » affichés au début des années 1970 ! Ainsi va la vie économique avec ses contraintes, pauvre loi d'airain ! Tous les secteurs de la santé ont été mis à contribution, à commencer par « le navire amiral », une des fiertés du pays, l'hôpital français.

La médecine de ville de son côté n'a pas été épargnée. A partir de la seconde moitié des années 1960, les effectifs d'étudiants puis de médecins se sont mis à augmenter (trop) rapidement. Cette progression était alimentée par la démocratisation de l'accès aux enseignements secondaire et supérieur, une formidable révolution née des Trente Glorieuses[278], et par les baby-boomers qui avaient commencé à partir à l'assaut des universités. Il y eut alors trop de médecins, si bien que certains d'entre eux eurent bien du mal à remplir leur cabinet !

Pour faire rétablir l'équilibre et réaliser des économies, les concours devinrent bien plus sélectifs. Dès le début du 21ème siècle, cette sévérité était devenue mal adaptée à l'évolution des besoins, et les signes annonciateurs d'une grave pénurie allaient se multiplier. Pendant tout ce temps, l'augmentation du tarif conventionné des généralistes a été sévèrement freinée. Il est fixé à 25 € (en 2021). À titre de comparaison, il est de 50 € en république d'Irlande, et environ l'équivalent de 100 € aux Etats-Unis[279] (les tarifs sont libres). En compensation, quelques concessions ont été faites aux praticiens. Par exemple, ils n'ont plus l'obligation d'assurer un service de nuit et contrairement aux périodes

---

[277] Les données et citation présentées ci-dessous sont extraites des données de l'OCDE, *Panorama de la santé*, 2019. Les indicateurs de l'OCDE. Comment la France se compare. Atelier AJEF, 6/11/2019.

[278] Même si la situation avait commencé à évoluer dans les années 1950, jusqu'au début des années 1960, l'accès à l'enseignement supérieur restait réservé à une petite élite.

[279] Ces trois tarifs ont été collectés par l'auteur.

antérieures, ils se déplacent rarement au domicile des patients, laissant ce rôle en cas de nécessité aux hôpitaux et cliniques. Le service des Urgences a pris le relai (essor à partir de 1981) avec l'engorgement que l'on connait et qui s'ajoute aux difficultés des établissements hospitaliers.

L'ensemble du système de santé a été mis à contribution. Les résultats sont contrastés. Les dépenses de santé ont été contenues, 11,2% du PIB en 2018 ; la prise en charge de ces dépenses par les pouvoirs publics a été préservée[280], de même que la liberté de choisir son médecin. Les patients bénéficient toujours, pour les principales dépenses, d'une couverture santé satisfaisante. La prise en charge publique atteint 83% (moyenne OCDE, 73%). « Les dépenses directes des ménages sont parmi les plus faibles de l'OCDE, 2% pour 3.3% en moyenne pour cet ensemble de pays »[281].

Le système, amputé d'une partie de son carburant financier, a néanmoins continué à générer des performances honorables. Son efficacité a été préservée, sur la base des grands indicateurs. Pour ne citer que le plus emblématique d'entre eux, l'espérance de vie à la naissance est supérieure à la moyenne des pays de l'OCDE, même si la croissance de la durée de vie diminue depuis 2011. Les performances méritent d'être soulignées ! Mais la médaille a un sérieux revers !

Effectivement, à force d'économies et d'années d'efforts, la situation des hôpitaux, est devenue très difficile, au bord de l'explosion sociale soutiennent certains des intéressés. Un effort (trop) important leur a été demandé. La pandémie du Covid a affaibli la capacité de

---

[280] Avec des restrictions, des praticiens dans les cliniques appliquent des tarifs libres qui peuvent être nettement supérieurs au tarif conventionnel. C'est le cas pour les opérations dans de nombreuses cliniques ou même les tarifs de consultation de certains spécialistes. C'est une des conséquences du désajustement entre la demande de soins (par les patients) et l'offre (par le système médical).

[281] Atelier AJEF, OCDE, source citée, 2019.

réaction des hôpitaux, chacun a pu constater que ce sont les seuls centres de soins aptes à traiter les cas graves. Néanmoins, l'énergie des soignants a été canalisée et les équipes ont réalisé des belles performances. En contrepartie, quelques concessions salariales ont été faites en 2019 et surtout en 2020, du baume sur les plaies assurément. Mais le problème paraît loin d'être résolu. L'hôpital public n'attire plus assez de candidats proclament les médias à l'automne 2021. C'est une bombe à retardement soulignait même un soignant.

La médecine de ville n'est pas épargnée par les difficultés. Les zones rurales et même les petites villes des contrées peu attractives en sont déjà victimes, et ce n'est que le début. Pour prendre un exemple, même une ville comme Caen commence à ressentir les effets de cette pénurie de médecins. En 2018, 45% des médecins étaient âgés de 55 ans ou plus, près de trois fois plus qu'en l'an 2000. Le plus dur reste à venir, avec beaucoup d'électricité dans l'air, et ce n'est pas la seule cause de tension prévisible.

Un autre domaine, celui des retraites mérite une attention particulière.

La délicate question des retraites

Les montants des pensions des retraités du dernier tiers du 20ème siècle ont été établis :

– d'une part, sur la base du pourcentage des bénéficiaires et même sur la base de la durée de vie moyenne enregistrée il y a une quarantaine d'années. Avant l'arrivée des « baby-boomers » à l'âge de la retraite, la charge représentée par le paiement des rentes était supportable. Mais la situation a commencé à évoluer dès les années 1980, avec ensuite une accélération de la tendance. En 1975, il y avait trois cotisants pour un retraité du régime général. Aujourd'hui, c'est tout au plus 1,7. L'abaissement

de l'âge de la retraite de soixante-cinq à soixante ans décidé en 1982 a été un cadeau empoisonné venu à contre-courant.
– d'autre part, sur la base de la croissance des revenus des Trente Glorieuses. Or la croissance du pouvoir d'achat a beaucoup diminué.

La question de l'âge de la retraite se pose donc, voire même celle du montant des pensions. Les générations qui ont quitté le marché du travail à partir du début des années 1970 (avec des retraites complètes) jusqu'à nos jours sont (ou ont été) relativement privilégiées[282] (en tout cas, bien sûr les plus aisées). Il est probable que leurs enfants n'auront pas les mêmes rentes[283]. Le pourcentage croissant des retraités augmente d'autant les prélèvements sur les revenus des actifs[284]. Certains sacrifices paraissent inévitables.

C'est dans cette perspective, dessinée à grands traits, qu'il convient de situer la future réforme des retraites. L'accent y est mis sur l'affirmation d'une plus grande égalité de traitement entre groupes de retraités et sur une amélioration de la situation des plus modestes. Certainement, mais c'est la cerise sur un gâteau devenu nettement moins appétissant. Quelques-uns soutiendront probablement que c'est un leurre destiné à masquer le principal, la réduction substantielle du pouvoir d'achat des

---

282 Il faut cependant ajouter un sérieux correctif. L'indice des prix à la consommation augmente plus vite que le montant des rentes, ceci depuis 2013 au moins. Et à mon avis, dans le contexte économique actuel, c'est loin d'être fini. Il faut s'attendre à la poursuite de la baisse du pouvoir d'achat des rentes probablement tout au long des années 2020. « En douceur », le pouvoir d'achat des retraités risque ainsi d'être élimé ; mais, chut, il ne faut pas le dire !

283 Parmi bien d'autres, l'article suivant : *Retraite à points : les pensions vont baisser*, article d'Henri Sterdyniak, économiste à l'OFCE, dans Ouest-France du 25/07/2019.

284 Retraite par répartition : les actifs paient les pensions des retraités.

futurs retraités. Assurément, mais le sacrifice est devenu inévitable. La crise (« de cinquante ans ») porte en la matière une lourde responsabilité. A cause d'elle, les actifs vont devoir travailler plus longtemps, sans pouvoir garantir le pouvoir d'achat de leurs ainés, avant d'être victimes à leur tour de la baisse du pouvoir d'achat de leur rente.

La situation des banlieues a tendance à se dégrader au fil des décades. Certes, ce n'est pas, à loin près, qu'une question de crédits alloués aux territoires concernés ; mais ces derniers n'en sont pas moins une des clefs du problème, à condition qu'ils soient mis au service de remèdes efficaces. Or les uns et les autres manquent cruellement[285] et la crise économique n'y est pas pour rien. Alors aux marges de notre corps social se poursuit une dégradation qui pourrit dangereusement. Il y a déjà eu des explosions sociales et il pourra y en avoir d'autres encore plus graves. Dans ce cadre, les fractures sociales et même religieuses[286] se sont ouvertes et il ne sera pas facile de les refermer.

Au sein de notre grand corps social, peuvent être distingués d'un côté ce que quelques observateurs ont nommé le « ventre mou » et de l'autre les zones (très) périphériques. Le premier est dominé par les baby-boomers qui restent influencés par les années 1968. Par opposition aux générations antérieures, ils soutiennent ardemment les

---

[285] Le témoignage d'un maire : *On met en place des actions éducatives... mais on se sent...abandonnés. Entre les postures du gouvernement et l'action sur le terrain, il y a une énorme différence.* , Rodolphe Thomas, maire de Hérouville-Saint-Clair, Ouest-France, 30/12/2015.

[286] Cette dernière a ses causes propres mais puise une partie de ses racines dans les banlieues. La fracture religieuse est-elle mineure ? Ce n'est pas l'avis de tous les observateurs et responsables politiques. Manuel Valls pour ne citer que lui s'en inquiète beaucoup. « Je suis très inquiet par cette polarisation de la société où des camps irréconciliables s'affrontent avec de plus en plus de violence. Cela sape les bases de notre modèle démocratique. » Entretien, Ouest-France, 28/03/2021.

grandes valeurs contemporaines de la vie sociale ; ils sont devenus plus ouverts, plus éclairés, indulgents même, ou carrément laxistes quelquefois. De l'autre, une partie de la périphérie au contraire est travaillée par une dangereuse ébullition. Notre société est atteinte aux marges par la violence, alors que son centre cultive l'image d'un monde très policé. S'y activent, et ils sont nombreux en cette époque tourmentée mais puritaine, tous ceux qui veulent laver « plus blanc que blanc »[287][288]. S'est installé dans le champ des valeurs un puritanisme « néo-protestant ». Mais le cœur de notre corps social, si bien-pensant qu'il veuille être, n'est-il pas effleuré par une légère atteinte de schizophrénie ?

La question écologique

Les bien-pensants bâtissent sur le papier des plans d'envergure pour mieux protéger la nature et réduire le gaz carbonique. Il existe certainement quelques marges de manœuvre financières, mais celles-ci risquent d'être bien plus vite épuisées que ne le croient des partisans très enthousiastes. Quant au concours de l'Etat, avec ses déficits et ses endettements, manifestement il ne faut pas trop compter sur lui. La crise est passée par là et elle rognera les ailes des ambitieux et des rêveurs.

---

[287] Mais l'expression ici utilisée pourrait déclencher les foudres de quelques-uns ! Dans une Brève publiée par Ouest-France du 10/03/2021, L'Oréal annonçait qu'il a retiré « les mots blanc, blanchissant ou encore clair de ses emballages de produits cosmétiques ». Unilever de son côté « va effacer le mot 'normal' de l'ensemble de ses produits cosmétiques et publicités … certaines personnes [pourraient] se sentir discriminées par l'utilisation de ce terme ».

[288] Les églises chrétiennes, (catholique notamment) se sont affaissées. « L'église » marxiste s'est effondrée. Mais, heureusement, nous avons les médias ; ils ont pris le relais avec beaucoup de conviction, de zèle même, pour défendre la morale, en définitive le bien commun !

Cette liste des problèmes aggravés par la crise, certainement incomplète, est déjà longue ; elle est annonciatrice des embuches, tensions et « bombes à retardement » qui contribueront à rendre la vie sociale et économique difficile à gérer dans la décade à venir et même certainement au-delà.

La mondialisation n'a pas tué l'Etat providence mais complique ses missions, engendre des dysfonctionnements et probablement renvoie à plus tard la résolution de problèmes qui de ce fait iront en s'aggravent au fil des années. Comme si cela ne suffisait pas, des fractures du corps social, générées ou aggravées par la crise économique, sont apparues ; elles perturbent déjà la vie du pays et sont porteuses de sérieuses menaces pour l'avenir.

Chapitre XII

La mondialisation, la crise économique, les fractures et les utopies françaises

Dans des publications récentes, plusieurs chercheurs, de différentes disciplines, ont montré à quel point le pays avait changé depuis 1970 et bien plus depuis 1980. La mondialisation accélérée est la principale cause de la crise de cinquante ans ; la conjonction des deux phénomènes a engendré de profondes transformations. Le choc qui en est résulté a contribué à créer ou approfondir des graves fractures au sein du corps social. Celui-ci en est profondément perturbé, la crise n'est plus seulement économique, elle est devenue sociale[289]. En fait plusieurs fractures travaillent le pays.

1. La mondialisation et les mutations génératrices de fractures

Paris et les très grandes villes (devenues des métropoles) ont vécu d'importantes transformations économiques et sociologiques et se sont éloignées des banlieues et encore plus de la province. En sont nées des incompréhensions et même des coupures génératrices de fractures.

En « quarante ans, du fait de la mondialisation la France a connu la plus grande mutation économique et sociale de son histoire ». explique l'historien Pierre Vermeren[290]. En est résultée « une recomposition générale de la répartition des hommes, des richesses, sur notre territoire ». Trois grands sous-ensembles ont ainsi été remodelés. Les

---

[289] Voire même politique, mais en sourdine jusqu'à maintenant, sous forme de malaise.

[290] *L'impasse de la métropolisation*, Gallimard, collection débat, 2021. L'auteur, un historien, est professeur des universités.

métropoles dont Paris (intra-muros), les périphéries des métropoles et les provinces.

Paris et les grandes villes ont beaucoup changé[291] et se sont transformées en métropoles structurées sur la base d'un modèle original. Les métropoles « aspirent » les populations aisées, bourgeoisie, classe moyenne supérieure (Paris réunit à elle seule la moitié des populations aisées du pays !) et les activités du tertiaire à haute valeur ajoutée.

A l'inverse les habitants plus modestes, classes moyennes et populaires, sont rejetés vers les périphéries, dans le sens des banlieues[292]. Celles-ci ont accueilli les populations rejetées de leurs centres à cause des augmentations considérables des loyers[293]. D'autre part, sont venues des provinces, assez souvent contre leur gré, les populations qui ont été aspirées par la vitalité économique de ces métropoles, principalement la région parisienne. La densité des populations y est très élevée. De ce fait les conditions de vie sont le plus souvent inconfortables, les logements trop petits, l'environnement peu agréable. De surcroît, les habitations sont très souvent éloignées des lieux de travail : sources de fatigue, de stress et de rancœurs. Ces conditions s'ajoutent au pessimisme engendré par l'atonie économique et à la peur des lendemains par ailleurs dénoncées.

---

[291] Douze métropoles en tout d'après l'auteur ; leurs caractéristiques les distinguent nettement des autres villes françaises.

[292] D'après une étude du Journal du Net, (www.journaldunet.com), établie à partir des données de l'INSEE, le salaire net moyen des Parisiens (intramuros) était de 4 031€ par mois en 2017. 4% des actifs français vivent à Paris, mais 12% des cadres. D'après une estimation, il faut gagner 11 000 € par mois pour pouvoir acheter un appartement de 75 m^2, www.lefigaro.com, 9/09/2019.

[293] Une loi de 1948 avait contrôlé étroitement la progression des loyers et avait permis à des ménages modestes de garder leur logement parisien.

Un fossé s'est creusé entre le cœur de ces métropoles et le reste du pays, banlieues comprises. C'est l'origine de la coupure sociologique entre les « anywhere », les mondialisés, et les « enracinés »[294]. « Le modèle des métropoles a rendu les Français étrangers les uns aux autres »[295].

Quant à la France des provinces, surtout celle des petites villes et des zones rurales, elle a subi de plein fouet l'effondrement de l'industrie, mais également celui de l'emploi agricole et de certains métiers qui lui étaient associés. Il y avait encore 1 600 000 agriculteurs en 1982 alors qu'ils ne sont plus que 389 000 aujourd'hui (2020)[296]. « L'effet le plus saillant de la métropolisation du territoire français est d'avoir créé deux France séparées l'une de l'autre par leurs intérêts économiques et par leur configuration sociale. Trente à trente-cinq millions de citoyens… »[297] ont été marginalisés. Ce sont ces territoires qui ont davantage retenu l'attention du professeur Christophe Guilluy[298], un géographe ; il analyse longuement leur situation et leurs problèmes. Ses conclusions rejoignent celles du Pierre Vermeren.

Le professeur Jean-François Sirinelli, un historien, scrute longuement les Français sous un angle différent. Il constate lui aussi la naissance de fractures susceptibles d'affecter gravement le vivre ensemble qui s'était progressivement mis en place au fil du temps et notamment

---

294 *Elites mondialisées et citoyens enracinés*, réflexion du journaliste et écrivain britannique David Goodhart publiée dans L'Express du 6/11/2019. Auteur de, *Les deux clans*, Les Arènes, 2019, un ouvrage qualifié d' « essai remarquable » par Christian Makarian qui a dirigé l'entretien pour l'Express.

295 P. Vermeren, op.cit., 2021

296 Recensement agricole publié par le ministère de l'Agriculture en décembre 2021.

297 P. Vermeren, op.cit., 2021.

298 Références bibliographiques ci-après.

depuis le triomphe de la République au 19ème siècle. « On s'achemine ainsi vers une situation dangereuse, le vivre ensemble se dérègle, … le socle sociologique … [se fissure], une partie de notre société se détache de ce socle »[299] ; ce sont les laissés pour compte représentés notamment par leur aile marchante, les Gilets jaunes. Tout se passe, ajoute l'auteur, comme si ces deux grands groupes du pays s'étaient réfugiés chacun de son côté sur son « Aventin »[300][301]. L'un proteste contre l'incompréhension dont il est l'objet, exprime son malaise ou même son désarroi ; l'autre manifeste, parfois avec morgue, son dépit, parfois même son dédain face à ce peuple qui ne comprends rien à la marche de l'Histoire. Chacun des deux reproche à l'autre de n'être pas dépositaire de l'intérêt général et donc de ne pas avoir de légitimer pour critiquer ni pour gouverner.

2. Les gagnants et les perdants de la mondialisation, principale source des fractures françaises

En première approche, il ne semble pas exagéré de distinguer avec Jacques Julliard une grande ligne de fracture entre d'un côté les bénéficiaires et de l'autre les victimes de la mondialisation[302].

En fait, combien sont-ils les vrais bénéficiaires français (parmi eux quelques grands vainqueurs) de la mondialisation ? A titre d'hypothèse exploratoire représentent-ils 10% de la population nationale ? Probablement pas. On y trouve des

---

[299] France Inter, Entretien, La Matinale, 16/03/2021, présentation de son ouvrage, *Le monde que nous avons perdu, une histoire du vivre ensemble*, Tallendier, 2021.

[300] Référence à deux épisodes célèbres de la Rome antique républicaine ; la plèbe (le peuple) s'était réfugiée sur l'Aventin pour protester et tenter de s'affranchir de l'oppression exercée par les praticiens (les élites).

[301] Chacun de ces deux grands groupes a ses arguments et « sa vérité » tout en reprochant à l'autre groupe de ne voir que « leur vérité ».

[302] Entretien avec Thierry Dupont, L'Express, 21/8/2019, présentation de son livre *Allons-nous sortir de l'Histoire ?*, Flammarion, 2019.

entrepreneurs (y compris un nombre conséquent de « jeunes pousses » qui ont réussi des percées sur les marchés mondiaux), des gros actionnaires des entreprises bénéficiaires, des membres des professions indépendantes, des salariés et des artistes. Leurs perspectives de carrière les projettent dans un autre univers et leurs revenus ont augmenté[303] plus – parfois beaucoup plus – que la moyenne nationale grâce à leur talent et leurs activités portées par les demandes internationales. Quelques-uns sont devenus des citoyens du monde et partagent leur vie entre la France et les Etats-Unis ou d'autres contrées. Il faut compter également les expatriés ; une partie d'entre eux vit et travaille à l'étranger[304] avec des revenus très confortables et même qui peuvent faire rêver dans quelques cas.

À leurs côtés, d'autres groupes sont relativement bien armés pour affronter ces temps incertains. Le plus souvent diplômés et bénéficiaires de revenus relativement confortables, ils comprennent l'évolution du monde, sont en phase avec elle, ne craignent pas trop les lendemains incertains ; bref, ils ne paraissent pas se plaindre[305] et de ce fait sont relativement solidaires avec les premiers[306]. Quelques-uns se sont même fait les chantres de la mondialisation. Pourtant, aspirés par un marché national du travail déprimé, leurs revenus ont subi, presque autant que ceux des autres catégories, la baisse générale de la

---

303 Les revenus de cette aile dynamique expliquent au moins en partie la croissance des inégalités pour le haut de la pyramide.

304 1 802 000 expatriés au 31/12/2018 (ministère des Affaires étrangères). Tous ne sont pas des privilégiés à loin près, mais nul doute que parmi eux se trouvent des bénéficiaires et même une petite élite de privilégiés, acteurs de la mondialisation.

305 Mais tout n'est pas aussi simple. Au sein de cette catégorie se distinguent nettement d'importants groupes de protestataires, mal à l'aise dans la société actuelle. Ci-après, *L'utopie et la France d'en haut.*

306 D'après une étude de l'Insee (INSEE première) publiée le 15/06/2021, 9% des salariés du secteur privé gagne (salaires uniquement) au moins 4 000 € par mois ; un revenu confortable sans être considérable pour les populations proches de ce seuil surtout pour les habitants des grandes métropoles.

croissance. S'affiche ainsi « la France d'en haut » comme l'appelle Christophe Guilluy[307].

Mais il y a l'autre France, celle des périphéries des métropoles et des provinces, notamment celles des zones défavorisées ; il est tentant, même si c'est simplificateur, de l'appeler « la France d'en bas ». C'est dans ces zones que l'on trouve les oubliés des transformations économiques.

3. La France d'en bas et le populisme

C. Guilluy s'est fait le chantre des populations victimes de la mondialisation, celles des petites villes et zones rurales surtout. D'après Alain Duhamel, ce petit peuple peu considéré et laissé pour compte regroupe, tout de même, approximativement près la moitié de la population nationale.

Dans nos grands débats d'idées, le mot populisme est très à la mode (et les publications nombreuses) et concentre autour de lui des polémiques passionnées et même rageuses. Certains analystes prennent néanmoins leurs distances. Il faudrait distinguer deux définitions du populisme explique Christophe Guilluy. La première devrait être conceptualisée sur une base objective. Pour faire court, elle regroupe les populations de « la France d'en bas » succinctement présentées ci-dessus. La seconde définition, « subjective », désigne « les semeurs de haine »[308] et autres marchands d'illusions ; ceux-ci heurtent violemment les idéaux humanistes qui assurément sont l'honneur de notre époque. De surcroît, ces trublions paraissent insulter l'avenir tel que l'imaginent les groupes

---

[307] C. Guilluy, *Macron ne s'en sortira pas avec les seuls winners*, L'Express, 15/11/2017. Auteur de nombreuses publications, parmi elles : *La France périphérique, comment on a sacrifié les classes populaires*, Flammarion, 2014. *Fractures françaises*, Flammarion, 2019.

[308] C. Guilluy, a.c.

dominants. En fait, trop de chroniqueurs paraissent confondre les leaders et chantres populistes avec les populations censées être le vivier de ce (ou de ces) parti(s). Ces leaders exploitent le mal-être des populations concernées à leur profit.

Les combats sans merci menés vertueusement contre le Rassemblement National[309] sont fondés sur une avalanche d'arguments, assez souvent des plus solides. Ils n'en masquent pas moins l'incompréhension voire même la sourde hostilité entre les deux France. « Les peuples toussent, ça énerve les élites »[310].

Effectivement, pour les membres de la France d'en haut, la conception subjective paraît bien commode. Les populations économiquement modestes se débattent au milieu de leurs difficultés. Elles « râlent, s'inquiètent, se lamentent, votent, même si c'est avec réticence et de temps à autre [elles] ruent dans les brancards ; mais ceux-ci sont solides. Vous en conviendrez peut-être, voilà qui peut rassurer les maîtres des équipages ! Ces derniers cherchent à tenir à distance les râleurs en les qualifiant de populistes, un qualificatif stigmatisant. »[311]. « Aujourd'hui, poursuit de son côté C. Guilluy, il y a un certain discours antifasciste qui relève simplement du mépris de classe… par ses choix économiques, socio-culturels, la bourgeoisie a montré qu'elle se désintéressait totalement du monde d'en bas. » Alexandre Devecchio renchérit et résume une opinion partagée par ce groupe d'analystes. « Les élites et le peuple ne se parlent plus. Quand les deux font chambre à part, le populisme surgit ; avant de juger, il faut analyser ».[312] « Le populisme n'est pas un accident de l'histoire, … Il y a un

---

[309] Sans oublier le sulfureux Éric Zemmour avec sa spectaculaire entrée dans le monde politique national.

[310] A. Valleray, op.cit, p. 300, 2017.

[311] A. Valleray, op.cit, p. 120, 2017.

[312] *Recomposition : l'anatomie du populisme*, Marianne, 5/11/2019.

rapport blessé à autrui. … Ils [les groupes concernés] se vivent comme les perdants de la transformation du monde » conclut de son côté l'économiste Yann Algan.[313] Rien de très original dans les conclusions, mais l'enquête des auteurs est approfondie et confirme elle aussi les autres investigations.

« Une contre-culture du ressentiment serpente sur le bitume de l'exclusion » poursuivent de leur côté Patrick Arthus et Marie-Paule Virard. « La détestation chemine à bas bruit »[314]. Jacques Attali[315] y voit les bases d'une nouvelle lutte des classes susceptible de déboucher sur le triomphe des classes populaires. L'auteur aime présenter des grandes fresques visionnaires.

Les leaders du Rassemblement National, et maintenant le très sulfureux Éric Zemmour, avec leurs thèses iconoclastes, parasitent cette perception et cette compréhension d'une réalité (les deux France) qui paraît pourtant bien présente. Pourtant « les classes populaires … ont elles aussi des intérêts qui méritent d'être défendus »[316] . En somme, certains chroniqueurs emportés par leurs passions, vertueuses certes pour les meilleurs d'entre eux, ont quelquefois jeté le bébé avec l'eau du bain. Quoi qu'il en soit, on demande fermement à ces populations de ne pas perturber la marche d'un monde qu'ont imaginé, forgé, adopté, les membres des groupes dominants.

4. Fractures et utopies

---

[313] Co-auteur avec Daniel Cohen, Michel Foucault, Elizabeth Beasley de l'ouvrage *Les origines du populisme, enquête sur un schisme économique et social*, La République des idées, Seuil, 2019. Entretien dans Ouest-France, 15/09/2019.

[314] *La dernière chance du capitalisme*, Odile Jacob, 2021. P. Arthus est chef économiste de la banque Natixis. Il n'en exprime pas moins une lucidité et un anticonformisme surprenant.

[315] J. Attali, *Le triangle des pouvoirs*, L'Express, 15/11/2017.

[316] N. Mathieu, déjà cité, L'Express, 27/11/2019.

L'utopie de la France d'en bas

La mondialisation est la cause la plus importante des difficultés et du mal être de ces populations ; pour autant il ne faut pas les sacraliser. Elles sont blessées, frondeuses, atteintes par un mal-être tenace ; elles s'opposent aux pouvoirs en place ou se désintéressent de la vie démocratique. Elles ont leurs limites et leurs défauts, parfois très sérieux ; elles sont moins éclairées, moins lucides. Par exemple, le contexte géopolitique de l'environnement français et européen paraît échapper à une partie d'entre elles et la marche du monde leur est étrangère ; elles semblent éprouver de grandes difficultés à discerner quel est l'intérêt supérieur du pays. Beaucoup vivent mal leur époque qui leur est peu favorable. [317]On trouve même quelques nostalgiques, des « vieux coqs » crispés et aigris, qui vont jusqu'à rêver des années 1940, celles du « bon Maréchal ». Ils sont rejoints par des groupes de jeunes qui rêvent d'un gouvernement de techniciens ou de militaires[318].

Bref, une fraction bien visible de ces populations fuit dans le rêve et appelle de ses vœux le retour à une France qui n'existe plus et qui ne pourra plus être « ressuscitée », souvenir sacralisé d'un ordre ancien qui s'est défait. C'était l'époque des Trente Glorieuses, celle d'avant 1968 de préférence, effectivement séduisante à plusieurs titres. Le souvenir du plein emploi, de la croissance annuelle des revenus, de la sécurité des personnes, a été magnifié.

---

[317] Ils en veulent aux pouvoirs publics, la source de leurs malheurs, pensent-ils. Les oppositions aux mesures de protection contre le Covid trouve la sans doute une de ses causes.

[318] D'après une étude récente : *Générations désenchantées ? Jeunes et démocratie*, Documentation française, 2021, citée par Jacques Le Goff, Ouest-France, 2/11/2021. Cette étude présente un bilan optimiste de la jeunesse française. Les groupes incriminés sont très minoritaires.

L'autorité, celle des parents, des prêtres, des patrons, pour d'autres celle des syndicats, du parti communiste, des responsables politiques, de la police dans les quartiers, était mieux respectée.

C'est avec ces images que ces groupes ont forgé une utopie à la mesure du mal-être né de leurs peurs, de leurs frustrations et aussi des rêves qu'ils ont conçu pour y échapper. Mais ces représentations mentales sont dangereuses car porteuses d'illusions. A ce titre, cette utopie a un point commun avec celle qui avait été portée par les tenants du Programme commun de la gauche arrivés au pouvoir en 1981. Son application aurait fait sortir la France de l'Histoire. Nul besoin d'être grand clerc pour soutenir qu'il en serait de même de l'application d'un programme fondé sur les rêves de la France d'en bas[319].

Les fractures ont joué un grand rôle dans l'enfantement de cette utopie. Mais cette dernière n'est pas la seule à hanter l'imaginaire national. Inutile de s'attarder sur l'utopie de la mondialisation ; en France elle n'a pas connu le même succès, apanage d'une élite peu nombreuse. Par contre, une fraction de la France d'en haut a sécrété la sienne et elle mérite qu'on s'y attarde car elle est devenue très envahissante.

L'utopie de la France d'en haut

Les Français n'ont pas terminé leur deuil des Trente Glorieuses ai-je soutenu. Pourtant, en quelques années, les mentalités d'une partie de la population aisée ont beaucoup évolué. Celle-ci, désabusée, paraît ne plus rien attendre du développement économique. Elle « vote écologiste pour tenter de s'enfermer dans un cocon protecteur … au milieu

---

[319] Marine Lepen, s'il s'agit d'elle, voudrait-elle ou serait-elle capable de refaire « le coup de F. Mitterrand » du début des années 1980 ? N'est pas Mitterrand qui veut.

de forêts imaginaires »[320]. Le retour à la situation d'avant crise a cessé d'être leur idéal. Leurs partisans se sont alors tournés vers la défense de causes plus nobles et bien plus vitales d'après eux. La nature a été malmenée voire même saccagée par le développement économique porté par les entreprises avec la complicité des consommateurs. Ce même développement est accusé d'avoir détraqué le climat avec d'importantes conséquences défavorables à long terme. La scrupuleuse sauvegarde de la nature[321] est devenue leur idéal. Les plus déterminés d'entre eux sont donc partis en croisade contre la société capitaliste, pas celle des marxistes orthodoxes, celle qui a enfanté la société de consommation.

Les adeptes s'appuient sur des données scientifiques pour légitimer leurs opinions. Mais la passion s'en mêle, ce qui brouille le message. Comme pour l'agriculture, la question du climat a généré un champ de bataille. Y triomphe une idéologie conquérante qui affiche ses valeurs et fantasmes dans un monde qui a abandonné les religions et ne sait plus à quel saint se vouer. Dans ce cadre s'affirme une nouvelle « église », l'écologie, qui se présente comme le seul vrai contrepouvoir. S'affiche aussi l'ambition d'une élite qui entend devenir le guide spirituel d'un peuple qui ne peut pas trouver seul « le bon chemin ».

Pourtant le « Français moyen » avait, même très inégalement, bénéficié d'un domaine où exercer son pouvoir de choisir. Un champ de libertés pervers soutient ces élites. Les plus fervents de ces concepteurs imaginent une déconstruction du monde actuel au bénéfice d'une nouvelle société en définitive bien différente, avec ses valeurs et surtout ses choix économiques qui s'imposeront

---

[320] P. Vermeren, 2021, op.cit.

[321] Voire même celle des animaux destinés à l'alimentation humaine.

de gré ou de force aux entrepreneurs autant qu'aux citoyens consommateurs.

Bref une nouvelle utopie est née. Ces dernières années, son écho est allée en enflant jusqu'à occuper beaucoup de place dans les médias. Elle est en train de s'installer aux côtés des vieilles utopies, celles des gauches, en déclin, et celles des droites (« ultra »-libérale d'un côté ou « populiste », de l'autre) qui ont retrouvé de la vigueur. Cette utopie écologique est rafraîchissante sans doute, mais inquiétante tout autant, peut-être même menaçante, sous ses atours bienveillants. Elle est l'indicateur de l'amorce d'une nouvelle grande fracture au sein de la population française.

« Ce mouvement élitaire bénéficie d'une surexposition médiatique »[322] observe Pierre Vermeren ; certainement, encore que ce constat paraisse être bien en deçà de la réalité. Les écologistes ont gagné la bataille de la communication, tellement bien que s'est imposée dans les médias une pensée unique ; la critique n'est plus la bienvenue[323]. Dans un pays où les opinions divergent et s'opposent volontiers, parfois avec virulence, un dogme a triomphé. Cette unanimité en devient presque inquiétante !

Le roman de Diane Ducret[324], publié en 2020, est une fable très sombre qui a retenu l'attention des médias. Elle met en scène une France qui a succombé à l'autoritarisme, puis à la dictature avec le cortège des démons qui

---

[322] Op.cit., 2021.

[323] Il existe pourtant des théories nettement différentes. Pour ne citer qu'un seul exemple, J.M. Bonnamy, *Changement climatique. Après le pavé le brûlot*, L'Harmattan, 2021. Sur un autre registre, J. de Kervasdoué, *Les prêcheurs de l'apocalypse*, Plon, 2017.

[324] *La dictatrice*, Flammarion, 2020. Pour un journaliste d'Ouest-France, elle ajoute la réflexion suivante, « La protection de l'environnement, c'est le b.a.-ba. Mais, cela peut devenir une idéologie dangereuse. Dès lors que l'écologie devient une valeur unique qui justifie des privations de liberté, c'est foutu. », Ouest-France, 3/05/2020.

accompagne cette dernière. Noircit-elle le tableau ? En fait, l'avenir n'est sans doute pas écrit –complètement ; plusieurs scénarios sont envisageables. La romancière, elle, imagine une version très pessimiste du futur, celle que nous pourrions vivre si les Français s'abandonnaient aux démons qui embrasent les imaginaires de différents groupes. Provocatrice la romancière ?, assurément, outrancière ?, probablement ; pour autant, elle souhaite faire réfléchir le public[325].

Le peuple français est équilibré et n'est pas tenté par les expériences aventureuses. C'est ce que soutient, depuis des lustres, une succession d'observateurs reconnus voire même prestigieux. Je préfère pourtant le point de vue de Mona Ozouf. Elle se demande « si ce n'est pas à cette expérience révolutionnaire [la révolution de 1789] que nous devons collectivement un trait de notre caractère national marqué par l'extrémisme et la tentation de la radicalité »[326] . Or, aujourd'hui justement, notre époque tourmentée, fiévreuse, embrasée par des utopies qui mobilisent et opposent des groupes qui ne se comprennent plus, paraît singulièrement dangereuse[327].

---

[325] Y. Mounk, chercheur talentueux à Harvard, est l'auteur de, *Le peuple contre la démocratie*, Editions de l'Observatoire, 2018. Son pessimisme le rapproche de Diane Ducret, mais dans le cadre d'un essai. Par ailleurs il craint surtout les débordements du populisme.

[326] Ouest-France, entretien, 2/08/2020.

[327] « L'ennemi, c'est la certitude qui mène au fanatisme. Ce régime [la démocratie] ne peut être soutenu que par des hommes qui savent qu'ils ne savent pas tout…, qui ne s'accommodent jamais de la misère des autres, mais qui justement refusent d'aggraver cette misère au nom d'une théorie ou d'un messianisme aveugle. » Michel Winock en commentaire de l'ouvrage, *Albert [Camus], Jean-Paul [Sartre] et les autres,* L'Express, 27/12/2019.

5. Fractures et utopies, des menaces pour demain.

Une ligne de séparation entre deux France, Jérôme Fourquet en présente une illustration claire[328]. Les uns, membres des groupes aisés, « ont pris conscience de la nécessité de la transition écologique », ils adaptent en conséquence leurs consommations. « Les plus résolus prônent des modes de consommation plus sobres, voire une véritable abstinence pour accompagner la décroissance qu'ils appellent de leurs vœux ».
Bien différentes sont les aspirations des Français d'en bas. « [Leur] rapport à la consommation est tout autre. Cette France qui se lève tôt et travaille dur souhaite elle aussi s'offrir le restaurant, le cinéma et acheter de la marque à ses enfants »[329].

Sous cet angle également, un fossé se creuse entre les élites et les populations d'en bas[330], bien qu'actuellement cette divergence « idéologique » s'exprime en sourdine. Comme le constate Pierre Vermeren, « l'écologie politique… [est] portée par une fraction des élites sociales et intellectuellement militantes mais qui influence peu les comportements individuels »[331]. Assurément, cette franche opposition ne paraît pas émouvoir aujourd'hui les populations d'en bas. Pourtant, cette tranquille indifférence pourrait laisser la place à un conflit ouvert, si la pression écologique devait devenir plus pressante à la suite de succès électoraux ou d'arbitrages politiques par trop défavorables « au peuple ».

---

[328] Par ailleurs, auteur de «*L'Archipel français*», Le Seuil, 2019. Un ouvrage de base. Il y présente une analyse fine des fractures françaises et de leurs causes, parmi elles la mondialisation et la crise économique.

[329] Entretien, Ouest-France du 31/12/2020, déjà cité.

[330] Il n'y a qu'à écouter le tapage médiatique orchestré autour du « Black Friday » par des élites indignées.

[331] Op.cit., 2021.

Ces différentes fractures[332] qui lézardent l'unité du pays associées à des utopies qui magnifient leurs différences, ont commencé à empoisonner notre vie publique. Les querelles risquent de s'envenimer encore plus, La vie politique et même sociale ne sera donc pas un long fleuve tranquille. Les nuages porteurs de mauvais temps, d'orages, peut-être même de tempêtes, s'annoncent à l'horizon et introduisent des menaces sur le fonctionnement normal de la vie sociale, économique et démocratique.

La fracture « écologique », même si elle est peu porteuse d'opposition ouverte aujourd'hui entre les groupes sociaux, est peut-être la plus inquiétante, la plus lourde de conflits, d'aventures peut-être ; conjuguée avec les autres, elle risque de peser sur la vie du pays puis sur son destin. Le rôle des responsables politiques, celui du premier d'entre eux notamment, sera donc déterminant. Qu'en est-il justement du déroulement de la vie publique des dernières années ?

---

[332] Il ne faut pas négliger non plus ce qui sépare les musulmans intégristes et ceux qui gravitent autour d'eux, des autres catégories de Français. Les premiers sont adossés aux banlieues trop négligées par les autorités républicaines. La crise n'a fait qu'accentuer ces différences. Des observateurs redoutent les conséquences du fossé qui s'est creusé.

Chapitre XIII

Le père Noël, le joueur de flûte et les serpents

On a tout essayé (sans obtenir une véritable amélioration de la situation économique) avait fini par avouer le président Mitterrand. Et ses successeurs n'ont pas fait mieux. Alors a été instillée dans l'esprit des citoyens l'idée d'une France cheminant à petite vitesse, une allure devenue en quelque sorte normale, tout comme le chômage lui-même[333]. À entendre ses laudateurs, il paraît même périlleux de penser autrement ! Il convient de se plier à l'inexorable retour de la vieille normalité nationale[334].

Mais les Français, dans leur majorité, ne l'entendent pas ainsi. En une petite trentaine d'années, eux aussi ont tout essayé, d'une majorité à l'autre et réciproquement, en passant par deux cohabitations. Alors, n'en pouvant plus, ils se sont révoltés, mais dans un cadre démocratique.

1. Le dégagisme, un « coup de Jarnac » démocratique

Les Français, ceux qui n'ont pas terminé le deuil des Trente Glorieuses, n'acceptent pas la situation telle qu'ils l'ont subie (présentée dans les deux chapitres précédents). Jusqu'aux élections de 2017, ils ont vécu entre la déprime[335]

---

[333] Un taux de croissance faible de la production (au mieux 2%) serait devenu normal dans le contexte actuel. Avec 5% de chômeurs, le plein emploi serait atteint soutiennent même quelques-uns. De ce fait, avec un taux de 7% en 2021, on n'est pas loin du but ! Une telle argumentation porte la marque de l'impuissance des pouvoirs publics autant que celle de certains observateurs.

[334] N'a-t-elle pas des points communs avec celle du 19ème siècle ?

[335] L'historien J.F. Sirinelli diagnostique, de son côté, « une étrange langueur » qui oscille avec la colère. *Le monde que nous avons perdu, une histoire du vivre-ensemble*, Tallendier, 2021.

et la (très) mauvaise humeur qui, pour certains, confine à la révolte.
Cela ne les empêche pas d'attendre leur salut des pouvoirs publics[336]. « Les Français, qui aiment prendre des airs supérieurs, se vantent volontiers de ne pas croire au père Noël. Et pourtant, dès qu'il est question de politique, le bonhomme préféré des petits enfants réapparaît sous les traits d'hommes et de femmes politiques, d'opposition de préférence ! En effet, hélas, à peine ces derniers ont-ils franchi la porte du pouvoir, que le mirage s'évanouit ! [Comme les promesses de renouveau ne sont pas tenues] les électeurs, qui se croient trompés, ne voient plus alors que des incapables ! Furieux, ils réclament des punitions : privés de dessert ! … tous à la diète »[337] !

Mais, en 2017, après une succession de désillusions, les Français ont fait pire – ou beaucoup mieux -. Atteints d'une fureur que je pressentais déjà sans oser complètement y croire quand j'écrivais les lignes précédentes en 2016, ils ont choisi « le dégagisme. … Jamais, hormis les périodes révolutionnaires, on n'a connu une pareille hécatombe »[338]. Le dégagisme ! François Bayrou en avait rêvé[339], Emmanuel Macron l'a mis en œuvre ! Ce « coup de Jarnac » allait-il enfin enfanter des temps nouveaux ? Ou alors le nouveau président n'allait-il être que le nouvel avatar du père Noël ?

Cette fois-ci, les électeurs ont sorti de la pénombre et porté sur le devant de la scène un brillant joueur de flûte qui, en quelques mois, a su séduire les électeurs puis réunir

---

336 Certains analystes y voient une des causes du mal français.

337 A. Valleray, 2017, op.cit.

338 A. Duhamel, Nouvelle préface en format poche de son livre, *Les pathologies politiques françaises*, Perrin/Tempus 2017, et, *Bonnes feuilles,* l'Express, 18/10/2017. Toutes les citations suivantes de l'auteur sont extraites de ce document.

339 Et peut-être même Nicolas Sarkozy, mais chez ce dernier, ce ne fut qu'un fantasme évanescent.

autour de son nom une majorité stable, (le général de Gaulle avait accompli cet exploit, mais gratifié d'un passé prestigieux et en y mettant un peu plus de temps). Après ce « coup de tabac » démocratique, le calme est revenu. Les Français, après s'être si spectaculairement défoulés, ont paru apaisés, comme si l'ancien et tenace mal-être s'était comme par miracle évaporé. « Soulagement autant qu'optimisme, précisa lucidement A. Duhamel. En réveillant une espérance éteinte … en ressuscitant un timide optimisme », le nouveau président a su imprimer sa marque. Mais le plus dur était à venir ; pourrait-il être le rédempteur de la France malade, des Français qui doutent et qui souffrent ? Autrement dit « saura-t-il réparer la France ? » (A. Duhamel).

2. Le président Macron, les réformes et les Français, un grave malentendu ?

L'ancien système de pilotage de l'économie par l'Etat n'a pas survécu à la mondialisation et en complément, aux règles imposées par l'Union européenne Ce modèle organisationnel, adapté à une économie modérément ouverte sur l'extérieur, s'est délité assez brutalement. Les élites dirigeantes, au-delà de leurs aspirations différenciées, ont été comme aspirées par un tsunami qui dépassait leur capacité de concevoir et d'agir et ont paru tétanisées par la violence des chocs.

Entre la droite et la gauche, les différences pratiques devinrent très subsidiaires, car leurs décideurs respectifs furent comme enserrés dans un étau broyeur des solutions alternatives. En somme, une « réalité » implacable plus forte que les pouvoirs publics impose ses solutions.

Dans cet environnement, les gouvernements successifs sont restés dans un entre-deux, incapables de sauvegarder l'ancienne gouvernance et tout autant incapable de promouvoir un modèle renouvelé[340]. Mais ils ne remirent pas en question ses fondements bureaucratiques. Ils les renforcèrent même, comme s'ils voulaient laisser une marque de leur ancienne emprise. Les plus à droite, au pouvoir restèrent néanmoins prudents, modérés ; ils ne voulurent pas – ou n'osèrent pas – brader l'héritage de protection sociale à la française en dépit des proclamations de foi des plus déterminés des libéraux. En définitive, L'Etat n'a plus vraiment de projet clairement défini. Il se contente de gérer[341], à la tête, il est vrai, de budgets impressionnants et d'un nombre élevé de fonctionnaires. Alors faut-il, enfin (?) choisir entre deux modèles organisationnels ?, un modèle volontariste compatible avec la situation contemporaine ou une alternative libérale inspirée de l'exemple américain ? Mais cette seconde alternative est-elle en phase avec l'opinion dominante nationale ?

C'est dans cet environnement qu'a été élu Emmanuel Macron. « Réparer » telle était la mission que s'était assigné le nouveau président, avec l'ardeur du débutant. Pour ce faire, il fallait réformer ; voilà le verbe magique, si souvent agité par ses partisans, bien installés au sein de l'échiquier politique et intellectuel. Il fait rêver depuis assez longtemps déjà une partie de l'élite nationale éclairée, libérale et admiratrice de la mondialisation. En marge de ce programme, il paraît intéressant de glisser une réflexion.

---

[340] A titre d'illustration, sans vouloir présenter une liste exhaustive, voici deux ouvrages qui tentent de s'écarter de cet entre-deux : *Une autre voie est possible*, Éric Heyer, Pascal Lokiec, Dominique Méda, Flammarion, 2018 et *La Grande Rupture, réconcilier Keynes et Schumpeter*, éditions Odile Jacob, 2021.
Ces deux propositions sont volontaristes et se démarquent nettement du modèle libéral.

[341] En première approche, gérer c'est utiliser au mieux les ressources et les hommes pour qu'ils soient aussi efficaces que possible.

La France est malade, presque tous en conviennent, mais de quoi souffre-t-elle ? « D'évidence une cause principale émerge du bruit médiatique : l'absence de réformes. Le diagnostic est répété en boucles par ses laudateurs et prend une dimension quasi-obsessionnelle ; réformons et l'économie française retrouvera sa vitalité. ...Les réformes ont ainsi de nombreux dévots. Certains prêcheurs paraissent attendre leur avènement comme d'autres attendent le messie »[342].

Le message a porté ses fruits. Voilà qu'effectivement les partisans du nouveau président célèbrent en cœur l'arrivée d'un nouveau monde, un refrain repris par une partie des chroniqueurs. La France doit se mettre au diapason de ce monde-là (et donc quitter l'entre-deux évoqué ci-dessus). Si le pays va mal, c'est à cause des règlementations qui « lient les mains » de ceux qui entreprennent ; celles-ci sont associées à des missions obsolètes de l'Etat (L'Etat copilote de l'économie et même l'Etat-providence) et elles coûtent cher aux finances publiques. Que l'économie soit libérée des carcans réglementaires, d'un interventionnisme contreproductif associé à des dépenses coûteuses, souvent stériles, et le pays pourra lutter à armes égales avec ses rivaux.

L'éblouissement qui a paru saisir ces apôtres du libéralisme n'est-il pas le fruit d'un mirage né d'une idéologie dominante (une utopie, encore une) ? Faut-il vraiment y voir la racine principale du mal français ? Le mal paraît bien plus profond. C'est en tout cas la conclusion des analyses présentées dans les chapitres précédents. Les dégâts infligés au tissu économique et social national par la mondialisation ne sont pas faciles à réparer.

C'est l'héritage qu'a dû endosser le nouveau président. Il était manifestement convaincu que le remède passait par des réformes ; il en fait le cœur de ses promesses

---

[342] A. Valleray, 2017, p. 14, op. cit.

électorales. Il espérait ainsi séduire une majorité de Français. En réalité, n'y a-t-il pas eu dès le départ un grand malentendu entre les citoyens et leur président ? Confronté aux mouvements sociaux qui avaient débuté à la fin novembre 2018, le chef de l'Etat rappela sur un ton pincé qu'il avait été élu pour faire des réformes. Vraiment ? Cette interprétation n'est-elle pas fondatrice du différend qui l'oppose à des groupes importants de Français ?

Les réformes ? Elles « parlent » certainement à une partie de l'élite (en fait, quel est son poids au sein des populations ?). Car ce programme paraît assez éloigné des préoccupations de beaucoup de Français, probablement une majorité. Une autre interprétation est ici esquissée. Le candidat venu des marges de la société politique a été porté à la haute fonction parce que ses prédécesseurs, de F. Mitterrand à F. Hollande, n'ont pas réussi à conjurer les maux qui accablent les citoyens depuis près de cinquante ans : le chômage, la croissance de plus en plus freinée du pouvoir d'achat jusqu'à la quasi-stagnation observée depuis 2008, un creusement des inégalités (beaucoup moins qu'aux Etats-Unis certes) surtout au détriment des 10 à 20% les plus pauvres. Pour la majorité des populations, le manque de perspective et l'insécurité (notamment économique) des lendemains qui, croient les intéressés, risquent d'être pire encore que le présent, ne sont pas les moindres de leurs peurs[343]. Se trouve ainsi renforcé leur sentiment (en partie subjectif probablement) d'insécurité dans leur vie quotidienne et qui alimente des phobies, telle la peur des migrants.

---

[343] Nicolas Mathieu, romancier, prix Goncourt 2018, explorateur de la vie et de la mentalité du petit peuple victime de la crise, évoque ces Français, *coincés entre sentiment de paradis perdu et promesse de déclassement à venir*, L'Express, entretien avec Jérôme Fourquet, 27/11/2019.

Voilà bien pourquoi de nombreux citoyens n'ont plus confiance, depuis assez longtemps, dans leurs gouvernants. Les promesses ont abondé mais elles n'ont pas été tenues. Aujourd'hui ces Français-là, à tort ou à raison, ne voient pas de relation entre les réformes et l'amélioration de leur situation, d'autant moins que certaines d'entre elles paraissent rimer avec des économies qui risquent de toucher la majorité d'entre eux. Ces réformes ne seraient-elles pas d'abord une litote heureuse capable de masquer une réalité bien moins gratifiante, en somme beaucoup de confiture autour d'une pilule très amère ?

Le refrain de la petite musique martelé par le Président est beaucoup moins magique qu'il le croyait. Certes, les Républiques, dans leurs élans progressistes, avaient valorisé, magnifié même le mot réforme. Or, voilà qu'aujourd'hui il cache des efforts – et autres sacrifices – dont la majorité des Français ne veut pas entendre parler. Avec cette crise qui n'en finit plus, ils ont déjà payé le prix fort, pensent-ils.

Oui, entre le programme du Président et une partie de l'opinion s'est creusé un fossé[344]. Le remède proposé n'est pas à la mesure des aspirations de la majorité des habitants ; il n'est probablement pas non plus à la mesure des problèmes de l'économie nationale. Or, ces Français-là, aux

---

[344] Beaucoup de Français n'ont plus confiance dans les dirigeants passés ou présents. Le danger réside ainsi dans la résurgence du « syndrome du père Noël » au sein d'un pays taraudé par ses utopies. Car, incorrigibles, certains citoyens espèrent encore qu'un nouveau venu pourra faire des miracles. Or, celui-ci pourrait bien surgir d'une extrémité de l'échiquier politique, un nouveau dégagisme en somme ; une extrémité, mais laquelle ? Beaucoup redoutent celle de droite et le clament très fort. D'autres attendent une alternance fondée sur l'utopie écologiste ; pour ces derniers, plus d'espoir du côté de l'économie, l'horizon est bouché. Mais existe un malentendu entre ses adeptes écologistes et la majorité des Français ; ce malentendu pourrait se transformer en une grande fracture génératrice de conflits. Les démocrates devraient y porter de l'attention.

attentes fortes, avaient contribué à faire les majorités de 2017, loin des analyses des têtes pensantes. Les turbulences allaient donc suivre. L'état de grâce, somme toute assez long, ne pouvait pas résister aux pesantes réalités. L'irruption brutale et spectaculaire des Gilets jaunes parut surprendre, outre les responsables gouvernementaux, nombre d'observateurs, même, peut-être, une partie de ceux qui d'année en année, avec une belle persévérance, attendait et annonçait le retour de 1968.

En définitive, pas si magique la flûte, le Président, a-t-il engagé le pays dans une impasse ? En tout cas, il a fait des promesses qu'il n'était pas capable de tenir ; n'est-il pas en définitive victime de l'utopie libérale ?

Au milieu des turbulences, le jeune locataire de l'Elysée a montré qu'il était digne de sa fonction, mais la réalité est plus complexe que ce qu'il imaginait. Marcel Gauchet[345], perspicace, soutient qu'il y a deux présidents Macron. L'un est conformiste, « le bon élève » (brillant) qui s'est laissé séduire par l'idéologie « européo-libérale ». Le second a une autre stature, celle de « l'homme de pouvoir » (prudent, il ne va pas jusqu'à dire l'homme d'Etat). Il a montré qu'il est « un grand pragmatique » qui sait faire « fi de l'idéologie ».

Manifestement, c'est le second qui a dirigé la France pendant les deux années du Covid. Il n'a pas hésité à soutenir l'économie « à bouts de bras », (« le quoi qu'il en coûte »). L'homme a traversé deux crises sévères ; il a pris des risques. L'économie – et les Français[346] – paraissent en toucher les dividendes, surtout à partir du second semestre

---

[345] Entretien, *Lequel des deux Macrons sortira de cette crise ?*, L'Express du 9/04/2020. Dans le paragraphe, les membres de phrase entre guillemets sont de l'auteur.

[346] Bien que ceux-ci, à l'automne 2021, soient surtout préoccupés par les hausses des prix des énergies. Ils paraissent ne pas avoir conscience des périls auxquels ils ont échappé.

2021, des expériences enrichissantes. S'il est réélu, quel président Macron dirigera le pays ?

Singulièrement, le joueur de flûte, en dépit de ses déconvenues, et des différents qui l'opposent aux Français[347], n'a pas perdu tout son charme. A la fin de l'été 2021, 41% d'entre eux[348] déclaraient lui accorder leur confiance, une belle performance comparée à celles de ses différents prédécesseurs (en fin de mandat).

Pour autant, la partie est loin d'être gagnée dans cet environnement difficile. Les serpents sont toujours là qui rôdent ; les charmer, mieux les éliminer, ne sera pas une partie de plaisir. En 2019, après la révolte spectaculaire mais apparemment peu fructueuse des Gilets jaunes, et avant le choc du Covid, certains groupes de Français, découragés, paraissaient être passés de l'asthénie à la dépression. Etourdis par le choc, ils sont loin d'être guéris de leur grand malaise ; celui-là peut faire un grand retour. « Le syndrome du père Noël » peut ressurgir un jour, ouvrant le champ à des serpents inquiétants.

Quant à la France, au milieu des dangers à venir, ne risque-t-elle pas de sortir de l'Histoire ?

---

[347] Alain Duhamel soutient qu'il est « un atypique du cercle de raison ». Dans sa volonté obstinée à réformer, il a été « en permanence dans le conflit. … Sur ce plan Macron c'est l'anti-Rocard, l'anti-Delors. Il ne cherche pas à séduire, à entraîner, à négocier ». Présentation de son livre, *Emmanuel le Hardi*, L'observatoire, 2020, dans l'Express du 7/01/2021.

[348] *41% des Français font confiance à Emmanuel Macron*, Ouest-France, 22/08/2021.

Conclusion de la 2ème partie : La mondialisation, la France, le déclin et l'Histoire

La mondialisation a ouvert une nouvelle page spectaculaire de l'histoire de la planète en temps de paix. Elle est à la fois une épopée et une guerre, la quête d'un monde meilleur d'un côté, de l'autre des combats concurrentiels brutaux entre entreprises géantes et en définitive entre les grands Etats du monde. En est résulté un grand chambardement qui a porté des vainqueurs sur le devant de la scène, tandis que d'autres ont été rétogradés. Il faut y ajouter beaucoup de « dommages collatéraux » au sein des populations des pays développés. Par opposition, les habitants des anciens pays sous-développés en ont tiré des avantages substantiels, de façon très inégale il est vrai.

Dans cette mêlée, François Mitterrand avait cru que l'Histoire allait retenir son rôle en faveur du renforcement à la fois de l'Union européenne et du couple franco-allemand, tandem qui devait promouvoir une codirection de l'ensemble européen. Ce dernier, ainsi renforcé et piloté, allait participer à la marche de l'Histoire en pesant sur le cours d'un monde en mouvement et en recomposition. Dans ce cadre, la France n'allait donc pas s'effacer, dissoute dans le vaste ensemble continental. Au contraire, elle allait pouvoir continuer à tenir son rang, une vision digne d'un homme d'Etat.

Hélas, cette vision n'a jamais pu voir le jour, mort-née. Le déclin français était déjà amorcé. Qui plus est, la contribution du président français à la création de l'euro adossé au couple franco-allemand a eu l'effet pervers que l'on sait[349]. La suite est connue. Le pays n'a pas cessé de s'affaiblir à l'intérieur, pendant qu'il perdait à l'extérieur sa place éminente dans le concert des partenaires de l'Union. La France était ainsi poussée en direction de la porte de sortie de l'Histoire. Cette lente glissade, amorcée pendant

349 A. Valleray, 2017, chap. XI, op.cit.

les mandatures du président Mitterrand dès le début des années 1980, allait se poursuivre après son départ. Adieu la codirection européenne aux côtés de l'Allemagne[350].

Au terme de cette période encore inachevée, l'héritage n'est pas flatteur. Parmi tous ceux qui plaident à charge, le diagnostic établi par Jacques de Larosière[351] peut être mis en avant ; il est sans indulgence. « Depuis quarante ans, la France s'est fait lentement mais sûrement distancer par les économies les plus performantes du monde. … Notre pays n'offre plus à ses habitants que le 26ème niveau planétaire, il était 5ème en 1975. La France dégringole dans tous les classements internationaux sur la performance ».

Dans cet environnement, que dire de l'ambition de la France ? A l'heure, au premier semestre 2021, au cœur de la crise du Covid, où une partie de l'opinion publique rêve tout haut de réindustrialisation (le paradis perdu), n'est-ce pas une toute autre tentation qui guette une partie du pays ? Une réflexion extraite d'un petit article d'Alexandre Lavissière[352] peut être mise en exergue, car elle lance une piste de réflexion lourde de sens pour l'avenir. La réindustrialisation ? L'auteur en doute, le pays ne le peut plus. Mais que peut-il et que veut-il ? « *Délocaliser la pollution nous convient très bien* » glisse-t-il alors, une

---

350 Le Royaume-Uni, le troisième partenaire, a préféré s'effacer, retournant vers un « grand large » qu'il n'avait jamais complétement abandonné.

351 *40 ans d'égarements économiques. Quelques idées pour en sortir*, Odile Jacob, 2020. L'auteur a occupé une place éminente au sein du système financier mondial : il a été notamment directeur général du FMI, Gouverneur de la Banque de France puis président de la Banque Européenne pour la Reconstruction et le Développement (BERD). Son diagnostic et surtout « ses idées pour en sortir » sont cependant trop centrés sur les causes financières nationales, les déficits publics et le manque de volonté des pouvoirs publics pour les résorber.

352 Professeur de commerce international au Kedge Business School (Etablissement né de la fusion des écoles supérieures de commerce de Bordeaux et de Marseille), Ouest-France, 3/05/2021.

petite phrase anodine en apparence mais en réalité ironique, cinglante, cruelle même. Manifestement, pour l'auteur, cette phrase est un raccourci de la nouvelle ambition du pays, celle d'un pays tenté par la sortie de l'Histoire ? Une ambition ? Pas encore, mais les esprits s'échauffent. Les utopies tendent à envahir l'espace médiatique, des rêves toxiques qui risquent d'égarer le pays. Même si l'histoire nationale n'est pas encore franchement et résolument en marche dans cette direction, peut-on y voir les prémisses d'une nouvelle étape du déclin ?

Lisons encore Marcel Gauchet. « Aujourd'hui, le constat du déclassement français – qui est la vérité objective de cette crise – est très peu entré dans l'esprit de la population. … Au sortir de cette crise, nous avons basculé 'pour de bon' dans le camp des pays du Sud »[353][354]. Voici, effectivement, notre pays devenu un acteur secondaire dans « le concert des nations » ; il a dû abandonner ses « prétentions à changer l'orientation politique de l'Union »[355].

La France est bel et bien engagée sur la voie du déclin, un mot qui hérisse une partie des analystes et chroniqueurs ; pour quelques-uns, il est même tabou. Mais dans le cadre de cet essai, le constat n'est pas fondé sur un dogme, la punition infligée au pays qui a péché ou, version plus moderne, au pays qui s'est écarté des règles « sacrées » du libéralisme économique. A long terme, le déclin n'est pas une fatalité. Il n'en reste pas moins vrai que la France est un des grands vaincus de la mondialisation. Pour freiner ce déclassement, l'Union européenne n'a été que d'un bien piètre secours, elle-même fracturée par la mondialisation (chapitre VI). Le pays, espérons-le, pourra réagir et

[353] Idées, dans L'Express du 14/05/2020.

[354] Jérôme Fourquet, de son côté, soutient que nous avons été relégués au sein des « clubs de seconde division », France Inter, Le Grand entretien, 20/04/2021.

[355] Marcel Gauchet, même source.

reconstruire un avenir plus confortable ; mais nous ne sommes probablement pas à la veille d'un tel sursaut.

Nos soldats avaient assurément gagné, avec l'aide de nos alliés, la Première Guerre mondiale. Mais les populations se sont fort mal remises du choc meurtrier et en sont restées ébranlées. La Grande Dépression des années 1930, et surtout la débâcle de la Seconde Guerre mondiale, n'ont rien arrangé.

Contre toute attente, après la Libération, les Français avaient retrouvé confiance en eux-mêmes ; mais celle-ci a révélé sa fragilité. « La crise économique de cinquante ans » est aussi une crise grave du moral d'une fraction importante des populations. De nouveau les Français doutent d'eux-mêmes. C'est l'occasion de répéter encore une fois que le rôle des responsables politiques, du premier d'entre eux notamment, dans les années à venir sera important, décisif peut-être. La France a besoin d'un président charismatique, diplomate et stratège.

Remerciements

Je tiens à remercier, pour l'ultime travail de relecture, de corrections et de mise en forme, conformément aux normes de L'Harmattan, qui demande beaucoup d'attention et de rigueur :

Evelyne Valleray, mon épouse,
Sonia Vanderplancke, ma fille,
Annick Leprévost, ma belle-soeur

Bibliographie

G. Adam, *Les firmes multinationales dans les années 1970*, Revue économique, 1972, n° 23-4.
J. Adda, SES et compagnie, 27/04/2014.
P. Aléazard, *La 'déseuropéisation' du monde ?*, www.allnews.ch.
C. Albagli, *Les routes de la soie ne mènent pas où l'on croit*, L'Harmattan, 2020.
O. Allain, *Agriculture : erreurs impardonnables de l'Europe*, Ouest-France du 21/07/2015.
P. Arthus, M.P. Virard, *La dernière chance du capitalisme*, Odile Jacob, 2021.
P. Arthus, *Le dollar arme fatale des Etats-Unis*, Les Echos, 4/01/2019.
Y. Algan, D. Cohen, M. Foucault, E. Beasley, *Les origines du populisme, enquête sur un schisme économique et social*, La République des idées, Seuil, 2019.
Atelier AJEF (OCDE), *Panorama de la santé 2019. Comment la France se compare*, 6/11/2019.
J. Attali, *Illusion démocratique et cynisme capitaliste*, L'Express, Opinions, 30/01/2019. *Le triangle des pouvoirs*, L'Express, 15/11/2017, *Demain qui gouvernera le monde ?*, Fayard, 2011.
B. Badré, *Voulons-nous sérieusement changer le monde ?*, Mame 2020.
M. Barbieri, *La baisse de l'espérance de vie aux Etats-Unis depuis 2014*, Population & Société, 9/2019, n° 57, publication, www.cairn.info.
N. Baverez, L'Express, Entretien, 30/04/2020.
F. Bianchi, *La croissance des inégalités en Chine*, BFM Business Monde, 14/12/2017.
J. Boissonnat, *Europe-Afrique, défi du 21ème siècle*, Ouest-France, 27/04/2015.
E. Botta, *Chine/Etats-Unis*, L'Express, 3568, 20/11/2019.
N. Bouzou, chronique, *Un Etat régalien qui crie famine*, l'Express, 23/07/2020.
A. Brunet, *La visée économique de la Chine*, L'Harmattan, 2011.
J.P. Cabannes, J. Wang, *Excédents chinois et déficits américains, un changement dans les déséquilibres globaux*, Revue

d'économie financière 2011/2, n° 102, pp. 151 à 162, publication, www.cairn.info.
Capital (par 6medias), *Chute vertigineuse de la production automobile française*, 23/11/2019, www.capital.fr.
L. Carroué, *Les grandes entreprises, acteurs géostratégiques ?*, direction de J.F. Fiorina, dans note hebdomadaire d'analyse géopolitique de l'ESC de Grenoble, 25/04/2013.
A. Case, A. Deaton «*La Grande Evasion, santé, richesse et origine des inégalités*, PUF, 2016/2018.
Centre d'observation de la société, *La part de la population en ville plafonne depuis dix ans*, 5/03/2019, www.observation.société.fr.
Céreq, *Des débuts de carrière plus chaotiques pour une génération plus diplômée. En 20 ans le salaire médian des bacs+5 a perdu plus de 200 euros par mois*. Bref, 10/2019.
J.R. Chaponnière, *Il y a trente ans, l'endaka ou le yen réévalué*, www.asialyst.com, 6/10/2015.
L. Chauvel, France 2012, OFCE, *La spirale du déclassement, essai sur la société des illusions*, Le Seuil, 2016.
D. Cohen, «*Homo economicus, prophète égaré des temps nouveaux*, Albin Michel, 2012.
E. Cohen et P.A. Bouygues, *Le décrochage industriel*, Fayard, 2014.
I. Doun, J. Couppey-Soubeyran, CEPII, 2008, *Carnets graphiques, l'économie mondiale dévoile ses courbes*, www.cepii.fr.
C. Delaume, *Le couple franco-,allemand n'existe pas*, Michalon, 2018.
V. Delteil, X. Richet, *L'Europe, une fracture à retardement*, L'Harmattan, 2019.
C. Daoyin, *La Chine e(s)t le monde. Essai sur la sono-mondialisation*, Odile Jacob, 2019.
S. Adamoh, Djelhi-Yaot, *Croissance économique sans développement en Afrique*, L'Harmattan, 2019.
D. Ducret, Entretien, Ouest-France, 2/05/2020, *La dictatrice*, Flammarion, 2020.
A. Duhamel, *Les pathologies politiques françaises*, Perrin/Tempus 2017, Bonnes feuilles dans L'Express, 18/10/2017, *Emmanuel le Hardi*, L'observatoire, 2020.

T. Dupont-Fédérici, *Pour une nouvelle génération européenne*, L'Harmattan, 2018.
A.A. Durand, *1968-2018, logement, consommation, études ... Comment la France a changé en cinquante ans*, lemonde.fr, 21/05/2018.
A. Ekman, Entretien, le monde.fr, 30/04/2020.
N. Fligstein, F. Merand, *Mondialisation ou européisation ?*, Terrains & Travaux, 1/2005.
Fouquin & Hugo, CEPII, 2016 dans www.irefeurope.org, 2313.
J. Fourquet, entretien avec N. Mathieu, L'Express, 27/11/2019. Le Grand entretien, France-Inter, 20/04/2021.
J. Fourqet, J.L. Cassaly, *La France sous nos yeux*, Seuil, 2021.
F. Fukuyama, *La fin de l'Histoire et le dernier homme*, Flammarion, 1992.
J.K. Galbraith, *Le nouvel Etat industriel*, Gallimard, 1967.
G. Galvez-Béhar, P. Lefebvre, *Les entreprises et le temps de la globalisation*, Entreprises et Histoire, 2019/1, n° 94.
M. Gauchet, Idées, L'Express, 14/05/2020.
J. Daumard, *Les transformations de la consommation alimentaire des Français en vingt ans*, Economie rurale, 1969.
N. Goetzmann, *Grand malade, 4 graphiques sur la descente aux enfers de l'appareil industriel français*, www.atlantico.fr, 5/09/2014.
D. Goodhart, *Elites mondialisées et citoyens enracinés*, L'Express, 6/11/2019, *Les deux clans*, Les Arènes, 2019.
S. Gozy, *L'Italie, de l'euro-optimisme vers l'euroscepticisme ?*, dans *L'avenir de l'Union européenne*, ouvrage collectif, université de Genève, 2018.
C. Guilluy, *Macron ne s'en sortira pas avec les seuls winners*, L'Express, 15/11/2017, *La France périphérique, comment on a sacrifié les classes populaires*, Flammarion, 2014, *Fractures françaises*, Flammarion, 2019.
M. Hau, *France-Allemagne : Chronologie d'un décrochage*, Revue française d'histoire économique, 2014/2.
F. Heisbourg, Ouest-France, Entretien, 20/06/2020, *Le temps des prédateurs : La Chine, les Etats-Unis, la Russie et nous*, Odile Jacob, 2020.
E. Heyer, P. Lokiec, D. Méda, *Une autre voie est possible*, Flammarion, 2018.

A. Houlou-Garcia, T. Maugenest, *Le théorème d'hypocrite. Une histoire de la manipulation par les chiffres de Pythagore au Covid 19*, Albin Michel, 2020.
M. Humbert, *Agriculture : pour sortir de l'impasse*, Ouest-France, 27/01/2016, *Alsthom à Belfort, enjeu d'une bataille mondiale*, Ouest-France, 28/09/2016.
E. Husson, *Les élites françaises ne comprennent pas l'Allemagne et ça coûte cher à la France*, Atlantico, 3/11/2019, *Paris-Berlin : la survie de l'Europe*, Gallimard, 2019.
E. Jalley, *L'économie du 21ème siècle. Critique de la raison en économie*, L'Harmattan, tome 1, 2019.
J. Julliard, entretien, L'Express, 21/08/2019, *Allons-nous sortir de l'Histoire* ?, Flammarion, 2019.
INSEE, *Cinquante ans de consommation alimentaire des Français, une croissance modérée mais de profonds changements*, INSEE Première, n°1568, 9/10/2015.
INSEE, *La France dans l'Union européenne*, INSEE références, 16/04/2019.
INSEE, *L'essentiel... sur la mondialisation*, Statistiques et études, 28/01/2020.
D. Kennedy, Entretien, Ouest-France, 25/10/2020.
C. Kerdellant, *Les quarante piteuses*, L'Express, 28/10/2015.
J. de Kervasdoué, *Les prêcheurs de l'apocalypse*, Plon, 2017.
N.D. Kristol, D. Sanger, *Quand Clinton jouait les apprentis sorciers de la mondialisation*, Courrier international, 01/2005.
P. Krugman, *Sortez-nous de cette crise... maintenant !*, Flammarion, 2012.
J. de Larosière, *40 ans d'égarements économiques. Quelques idées pour en sortir*, Odile Jacob, 2020.
A. Lavissière, Entretien, Ouest-France, 3/05/2021.
J. Le Goff, *Génération désenchantée ?*, Ouest-France, 2/11/2021.
J.H. Lorenzy, A. Villemeur, *La Grande Rupture, réconcilier Keynes et Schumpeter*, Odile Jacob, 2021.
S. Maillard, *L'ambition européenne du président Macron et la réaction en Europe à son projet*, dans « L'avenir de l'Union européenne », ouvrage collectif, Université de Genève, 2018.
C. Makarian, La Chronique, L'Express, 24/02/2016.

G. Mettan, *Le continent perdu : Plaidoyer pour une Europe démocratique*, Rédaction Entreprendre, 6/11/2019, *L'Europe semble avoir perdu toute souveraineté*, Les Editions des Syrtes, 2019.
F. Menegaux, Entretien, Ouest-France, 7/01/2021.
C. Meyer, *Le renminbi doit-il être réévalué ? Les leçons de l'expérience japonaise*, revue d'économie financière, 2011/2, n° 102, numérisé : www.cairn.info.
G. Morlier, *La Guitare sur les quais. Un fils se souvient*, Les Editions du Panthéon, 2017.
P. Moyon, *Le glyphosate et après…*, Ouest-France, 20/05/2019, *Agro-alimentaire : la France décroche*, Ouest-France, 11/07/2019, *Réindustrialiser tant qu'il est temps*, Ouest-France, 3/01/2021.
J.M. Naulot, *Faut-il s'attendre à une crise financière majeure* ?, 15/10/2018, blog www.l-arene-nue.blogspot.com, « *Eviter l'effondrement. Les politiques nous préparent une catastrophe financière pire que la précédente*, Le Seuil, 2017.
T. Ord, Entretien, L'Express, 2/04/2020, *The Precipice*, Bloomsbury Libri, 2020.
J.M. Quatrepoint, *Le choc des empires*, Gallimard, 2014.
N. Rey, *L'intégration financière internationale en perspective, la période contemporaine*, Economie et Finances, www.halshs.archives-ouvertes.fr.
T. Richard, *Nino tient la route face aux camions des pays de l'Est*, Ouest-France, 1/04/2019.
N. Roubini, S. Mihm, *Economie de crise*, JC Lattès, 2010.
C. Saint-Etienne, *La fin de l'euro*, Les Editions François Bourin, 2011, *Réindustrialisation*, L'Express, 7/05/2020.
R. Santenac, *Le cycle des crises financières. Une étude approfondie des causes, des impacts et de la fréquence*», L'Harmattan, 2020.
C. Sauviat, *Etats-Unis : l'emploi contre les salaires depuis les années 1980*, revue de L'Ires, 2012/2, n°73, publication www.cairn.info.
A. Sauvy, *Les tendances de la population active en France*, Revue Population, 1955, vol. 10 n°3.
C. Sicard, *La descente aux enfers de l'économie française*, www.contrepoint.org, 19/10/2018, *La France plombée par le*

déclin de son industrie, Revue politique et parlementaire, 3/06/2020.
J.F. Sirinelli, *Le monde que nous avons perdu, une histoire du vivre-ensemble*, Tallandier, 2021.
L. Steinmann, *Comment Tesla &Co bousculent l'automobile grâce aux milliards de Wall-Streets*, www.lesechos.fr, 25/11/21.
H. Sterdyniak, *Retraite à points : les pensions vont baisser*, Ouest-France, 25/07/2019.
J.E. Stiglitz, *Peuple, pouvoir et profits*, LLL, 2019.
E. Tandonnet, *L'impasse d'une Europe sous domination allemande*, www.lefigaro.fr, 8/07/2015.
M.N. Tannour, *Le dollar, monnaie de réserve mondiale*, Vie publique, 26/06/2019.
B. Tertrais, *La guerre n'est plus un mode normal des relations entre Etats*, L'Express, 7/01/2021.
A. Thomas, *Bientôt la fin des forçats des camions ?*, Ouest-France, 18/12/2019.
J.B. de la Torre, dossier *L'Europe en chantier*, dont, *30 ans après la chute du mur de Berlin, où en sont les économies du bloc de l'Est qui ont intégré l'Union européenne ?*, 9/11/2019, www.lefigaro.fr/economie.
M. Torre, « Les transformations de l'économie chinoise », www.latribune.fr/, 14/05/2018.
G. Ugeux, *Wall-Street à l'assaut de la démocratie*, Odile Jacob, 2021.
Vie publique, (fiche thématique), *Qu'est-ce que le GATT* ?, 25/06/2019.
M. Valls, Entretien, Ouest-France, 28/03/2021.
A. Valleray, *L'euro et l'asthénie française. Histoire d'une passion malheureuse*, L'Harmattan, 2017.
P. Vermeren, *L'impasse de la mondialisation*, Gallimard, 2021.
M. Winock, Entretien, *Albert [Camus], Jean-Paul [Sartre] et les autres*, L'Express, 27/12/2019.
M. Wolf, *En route vers la récession*, Le Monde de l'économie, 20/12/2012.

Revue « Marché et Organisations »

Le but de la revue est de promouvoir la recherche originale sur les relations de plus en plus étroites qui se tissent entre le marché et les organisations. Les acteurs économiques de taille, de puissance et de pouvoir différents dont les intérêts peuvent être convergents, complémentaires ou, le plus souvent, antagoniques, ont tendance à organiser les marchés. La raison du marché, pourtant, est la référence stratégique pour l'entreprise ainsi que pour les institutions publiques de décision économique.

Numéros parus :

N°1 : Artisanat. La modernité réinventée, 2006
N°2 : La petite entreprise, elle a tout d'une grande. De l'accompagnement aux choix stratégiques, 2006
N°3 : Tourisme et Innovation. La force créative des loisirs, 2007
N°4 : Le travail. Formes récentes et nouvelles questions, 2007
N°5 : Les universités et l'innovation. L'enseignement et la recherche dans l'économie des connaissances, 2007
N°6 : Entrepreneuriat et accompagnement. Outils, actions et paradigmes nouveaux, 2008
N°7 : Développement durable des territoires. Economie sociale, environnement et innovations, 2008
N°8 : Développement durable et responsabilité sociale des acteurs, 2009
N°9 : Gouvernance : exercices de pouvoir, 2009
N°10 : Le travail collaboratif. Une innovation générique, 2009
N°11 : Economie sociale et solidaire. Nouvelles trajectoires d'innovations, 2010
N°12 : Relations à la marque et marques de la relation. Regards croisés sur le management relationnel de la marque, 2010
N°13 : Les contrats au service de la recherche ?, 2011
N°14 : Le potentiel économique de l'Afrique subsaharienne, 2011
N°15 : Management de la distribution, 2012
N°16 : Territoire Vert. Entreprises, Institutions, Innovations, 2012
N°17 : Eco-conception, conception et innovation. Les nouveaux défis de l'entreprise, 2013
N°18 : Intelligence économique : entreprises et territoires, 2013
N°19 : La finance globale. Un monde fini, 2013
N°20 : La crise du « développement », 2014
N°21 : La Chine innove. Politiques publiques et stratégies d'entreprise, 2014
N°22 : Go East! Nouvelles Economies de Marché, 2015
N°23 : L'économie du changement, 2015
N°24 : Le temps des artisans. Permanences et mutations, 2015
N°25 : Innovations de proximité et esprit d'entreprise, 2016
N°26 : L'avenir des économies du Maghreb : entre inertie structurelle et envie de rupture, 2016/3 (n° 27)
N°27 : Le sport aux frontières du marché du travail, 2016
N°28 : Dynamiques internationales des entreprises, 2017
N°29 : L'univers du risque, 2017
N°30 : Les petites entreprises dans l'histoire industrielle, 2017
N°31 : Economie sociale et *social business* ? Au défi d'entreprendre et se financer, 2018
N°32 : Éducation et fertilisation des économies africaines, 2018
N°33 : L'entrepreneuriat innovant dans les pays du Maghreb, 2018
N°34 : L'entrepreneuriat scientifique : institutions et innovation, 2019
N°35 : Le champ économique de la culture, 2019
N°36 : Economie sociale et solidaire ? Modèles d'innovation et modes de gouvernance, 2019
N°37 : Rethinking Luxury Business, 2020
N°38 : La santé connectée. Nouvelles technologies et réorganisation des soins, 2020
N°39 : Options stratégiques et systèmes complexes d'innovation, 2020
N°40 : Les services : intégration des systèmes productifs et lien social, 2021
N°41 : Crise pandémique, crise globale. Réalité et controverses théoriques, 2021
N°42 : La crise de la covid-19. Le marché et les organisations en perspective, 2021
n°43 : (Re)faire système. *Bug & reset*, 2022

Collection « L'esprit économique »

fondée par Sophie Boutillier et Dimitri Uzunidis en 1996

Dernières parutions

► ***Série Economie et Innovation***

T. MICHAUD, *La réalité virtuelle : de la science-fiction à l'innovation*, 2018.
B. LAPERCHE, M. LIMA, E. SEULLIET, B. TROUSSE (dir.), *Les écosystèmes d'innovation. Regards croisés des acteurs clés*, 2019.
S. MONNERIE, *L'économie digitale révolutionne le monde. Innovation et total design*, 2019.
T. MICHAUD, *Le projet spatial européen, entre pragmatisme et imagination*, 2020.
J.-P. SCHMITT, N. RAVIDAT, *Management conjoint de la technologie et de la personne. Pour performer et croitre*, 2020.
Y. EL YAHYAOUI, *Economie des plateformes numériques. Captation de la valeur, pouvoir de marché et communs collaboratifs*, 2021.

► ***Série Le Monde en Question***

F. FAURE, *Empowerment et finance. La démocratie au service de l'investissement socialement responsable*, 2021.
A. SGHAIER, *La finance islamique. Aspects critiques de la finance conventionnelle*, 2021.
H. AGOURRAME, *La règlementation bancaire internationale. Genèse, évolution et impact sur le « business model » des banques*, 2021.
A. AMINE, C. GALLOUJ, *Consommateurs et pratiques de consommation au Maroc*, 2021.
T. MARINOVA, *Economie sociale et solidaire dans les pays des Balkans. Bulgarie, Roumanie, Serbie : quels enseignements ?*, 2021.
T. GARCENOT, *La finance contre le dérèglement climatique. Politiques monétaires et enjeux géopolitiques de la finance verte*, 2021.

► ***Série Krisis***

M. RAMEAUX, *Le tao de l'économie. Du bon usage de l'économie de marché*, 2020.
B. TONGLET, *Innovation et dynamique discontinue au bas Moyen Age. Pour une autre approche de l'histoire économique*, 2020.
J.-C. MOREL, *La nécessaire valorisation de la richesse ou intégrer le capital humain au bilan*, 2020.
V. LAURE VAN BAMBEKE, *La valeur du travail humain. Essai sur la refondation de l'expression monétaire de la valeur-travail*, 2021.
A. FONTAINE, *L'économie est l'opium du peuple. Une fausse science*, 2021.
A. RODRIGUEZ-HERRERA, Travail, valeur et prix. Reprise et clôture d'un débat centenaire (1885-1985) a la lumière des textes marxiens, 2021.

► **Série *Clichés***

S. BOUTILLIER, D. UZUNIDIS (dir.), *La Russie européenne. Du passé composé au futur antérieur*, 2008.
R. VOLPI, *La négociation. Pain, paix, liberté*, 2009.

► ***Série Cours Principaux***

O. ESNEU, *Le droit du transport routier de marchandises (TRM)*, 2018.
G. DUTHIL, *Economie publique et métamorphoses sociales*, 2019.
R. SANTENAC, *Le cycle des crises financières. Une étude approfondie des causes, des impacts et de la fréquence*, 2020.
B. LANDAIS, *Macroéconomie efficace. Croissance et crises*, 2020.
A. MBULI LANDU, *Le memo d'un comptable. Approche par le SYSCOHADA révisé*, 2021.

► ***Série L'économie formelle***

S. A. DJELHI-YAHOT, *La théorie des finances publiques optimales. une approche gagnante pour l'Afrique*, 2020.
A. EL ALAOUI, *Modèle d'équilibre général calculable. Présentation théorique et application empirique*, 2020.
H. AMAAZOUL, *Responsabilité sociétale des entreprises et performance financière. Étude appliquée aux entreprises marocaines*, 2021.
M. BERTONECHE, *Chroniques économiques de notre temps*, 2021.
E. CARREY, H. LANDIER, *Après la guerre contre la Covid : de l'économie financière a l'entrepreneuriat social*, 2021.
J. LATREILLE, *Sale temps pour l'économie marchande*, 2021.

Structures éditoriales du groupe L'Harmattan

L'Harmattan Italie
Via degli Artisti, 15
10124 Torino
harmattan.italia@gmail.com

L'Harmattan Hongrie
Kossuth l. u. 14-16.
1053 Budapest
harmattan@harmattan.hu

L'Harmattan Sénégal
10 VDN en face Mermoz
BP 45034 Dakar-Fann
senharmattan@gmail.com

L'Harmattan Cameroun
TSINGA/FECAFOOT
BP 11486 Yaoundé
inkoukam@gmail.com

L'Harmattan Burkina Faso
Achille Somé – tengnule@hotmail.fr

L'Harmattan Guinée
Almamya, rue KA 028 OKB Agency
BP 3470 Conakry
harmattanguinee@yahoo.fr

L'Harmattan RDC
185, avenue Nyangwe
Commune de Lingwala – Kinshasa
matangilamusadila@yahoo.fr

L'Harmattan Congo
67, boulevard Denis-Sassou-N'Guesso
BP 2874 Brazzaville
harmattan.congo@yahoo.fr

L'Harmattan Mali
ACI 2000 - Immeuble Mgr Jean Marie Cisse
Bureau 10
BP 145 Bamako-Mali
mali@harmattan.fr

L'Harmattan Togo
Djidjole – Lomé
Maison Amela
face EPP BATOME
ddamela@aol.com

L'Harmattan Côte d'Ivoire
Résidence Karl – Cité des Arts
Abidjan-Cocody
03 BP 1588 Abidjan
espace_harmattan.ci@hotmail.fr

Nos librairies en France

Librairie internationale
16, rue des Écoles
75005 Paris
librairie.internationale@harmattan.fr
01 40 46 79 11
www.librairieharmattan.com

Librairie des savoirs
21, rue des Écoles
75005 Paris
librairie.sh@harmattan.fr
01 46 34 13 71
www.librairieharmattansh.com

Librairie Le Lucernaire
53, rue Notre-Dame-des-Champs
75006 Paris
librairie@lucernaire.fr
01 42 22 67 13

www.ingramcontent.com/pod-product-compliance
Lightning Source LLC
LaVergne TN
LVHW010921061026
849535LV00007B/2172